Jean Louis Schlim

Antonia von Luxemburg
Bayerns letzte Kronprinzessin

Jean Louis Schlim

Antonia von Luxemburg

Bayerns letzte Kronprinzessin

LangenMüller

Inhalt

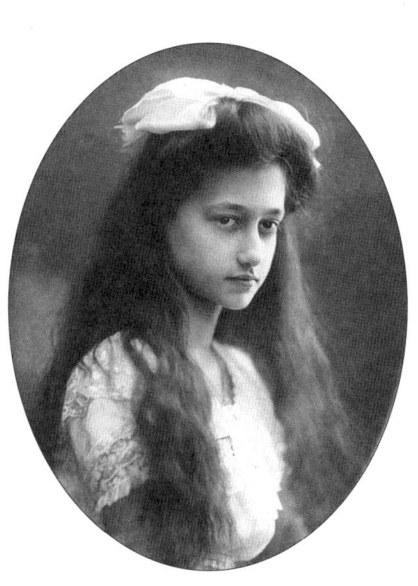

Prinzessin Antonia um 1910

Antonia von Bayern

Prinzessin Antonia als Braut des bayerischen Kronprinzen um 1920

Kronprinzessin Antonia um 1940

In Erinnerung an
weiland Ihre Königliche Hoheit
Kronprinzessin Antonia von Bayern
Prinzessin von Luxemburg und Nassau
(1899–1954)

Ihren Nachkommen gewidmet

Vorwort

So wie der Maler das Porträt eines Menschen zeichnet oder in Farben wiedergibt, kann der Autor eine Persönlichkeit in Worten skizzieren oder erzählend schildern.

Der Porträtmaler aber malt keinen Lebenslauf; was er festhält ist der Augenblick, und doch kann auch dieser Augenblick das ganze Leben widerspiegeln; im Porträt-Gemälde ahnen wir ein Stück Biografie, wir erschauen den Charakter eines uns persönlich vielleicht ganz und gar unbekannten Menschen.

Auch der Autor zeichnet solche Bilder, solche angedeutete Augenblicke, die den ganzen Charakter des Porträtierten erahnen und erraten lassen, ja denselben vielleicht sogar in völlig neues Licht rücken.

Wie beim Maler, sind beim Autor manche Porträts nur wie mit flüchtiger Kohle oder Kreide ganz leicht hinskizziert; eine Anekdote vielleicht oder eine zufällige Begegnung. Andere sind in vollen Farben ausgemalt, Beobachtungen und ständiger Umgang miteinander liegen ihnen zu Grunde. Zu diesen realistischen Bildnissen gesellt sich noch das Idealporträt. Dieses ist meist mehrfach vorhanden, da besonders Fürsten es liebten, von demselben Künstler oft skizziert zu werden; sie selbst sind in diesem Idealporträt jedoch kaum noch auffindbar.

An der Seite einer Persönlichkeit, wie sie Kronprinz Rupprecht war, kann seine Frau Antonia nur bescheiden im Schatten stehen. Ihr Anspruch, Bayerns Königin zu werden und politische wie soziale Maßstäbe zu setzen, blieb ihr im Sturm der Zeit versagt. Ihr Lebensweg blieb der einer fürsorglichen Mutter, einer Mutter allerdings, für die das Wohl der Kinder über alles ging, auch auf die Gefahr der Entfremdung zum eigenen Gatten. In den wohl schwersten Jahren der bayerischen Geschichte musste sie die schlimmsten Leiden

Ein roter Löwe auf weiß-blauem Schild, seit dem Mittelalter das Wappen der Luxemburger

Die weiß-blaue Raute, seit dem Mittelalter das Wappen der Wittelsbacher

erdulden, die Menschen einem Menschen zuzufügen im Stande sind. Gebrochen und von schwerer Krankheit gezeichnet ging sie aufrecht ihren Weg, ohne zu klagen, bis hin zu ihrem letzten Atemzug, ihren Kindern und uns allen ein Vorbild.

Leider war es mir altersmäßig nicht vergönnt, der Kronprinzessin persönlich zu begegnen. Die Eindrücke, die mir ihre beiden Schwestern, Großherzogin Charlotte von Luxemburg und Prinzessin Hilda von Schwarzenberg einst vermitteln konnten, ergaben erste Skizzen, die so spannungsreich waren, dass sie irgendwann zu einem Gemälde werden mussten.

Eine Fülle an Material wurde gesichtet, Widersprüchliches geprüft und eingeordnet. Der kulturgeschichtliche Hintergrund war mir ebenso wichtig wie die dargestellten Personen und so wurden alle diese Skizzen zugleich Beiträge zur Kulturgeschichte einer Zeit, deren Grausamkeit uns heute nur verklärt überliefert ist oder ganz in Vergessenheit geriet. Leider pflegen wir unsere jüngste Vergangenheit am ungerechtesten zu beurteilen, wohl weil wir uns von ihr zu befreien trachten.

Gerade das Umfeld aber, die politischen Ereignisse und besonders der Lebensweg des Kronprinzen waren hier zum Verständnis der Kronprinzessin von elementarer Aussagekraft. Wo Dokumente fehlten, vieles wurde im Dritten Reich vernichtet, fand sich aufschlussreiches Bildmaterial. Bewusst wurde im Text auf eine numerische Quellenangabe verzichtet, zu sehr überschnitten sich die Hinweise, zu verworren waren die Fragmente. Wichtige Aussagen werden namentlich im Text erwähnt, alle weiteren Quellen, Beiträge und Publikationen in einem ausführlichen Literaturverzeichnis am Ende des Buches aufgeführt.

Mein Dank gilt dem Großherzoglichen Hause Luxemburg und dem vormaligen Königshaus Bayern, hier besonders Herrn Andreas von Majewski vom Wittelsbacher Ausgleichfonds München, dem ich viele wichtige Anregungen und Hinweise verdanke.

Mein ganz besonderer Dank gebührt den Töchtern von Kronprinzessin Antonia, ohne deren Hilfe dieses Buch nicht hätte entstehen können. Besonders erwähnt seien die vielen Erzählungen von Prinzessin Irmingard und Prinzessin Hilda, die mir die Zeit und das Wirken der Kronprinzessin so lebendig vor Augen führten. Leider kann Prinzessin Hilda das fertige Werk nicht mehr in Händen halten, sie verstarb völlig unerwartet während unserer gemeinsamen Recherchen. Ihrem Sohn, Herrn Christopher Lockett und seiner Frau meinen herzlichen Dank für die unendliche Geduld, die sie mir beim Sortieren der vielen, von ihrer Mutter nicht mehr fertig aufgearbeiteten Dokumente entgegengebracht haben.

Wenn dieses Buch auch nicht den Anspruch einer vollständigen Biografie erheben kann, zu viele Unterlagen gingen in den Wirren des Krieges verloren, so ist es doch mehr als bloß die Skizze einer Persönlichkeit geworden, am Ende steht das Porträt-Gemälde einer souveränen Frau und großartigen Mutter, in einer Zeit, die zu den schlimmsten der deutschen Geschichte gehört.

München, im Dezember 2005

Jean Louis Schlim

Prinzessin Antonia von Luxemburg und Kronprinz Rupprecht von Bayern 1921 als Brautpaar

Das Allianzwappen des Kronprinzenpaares, links das bayerische Wappen des Kronprinzen, rechts das Luxemburger Wappen der Kronprinzessin

Prinzessin Antonia von Luxemburg

DIE GROSSELTERN: GROSSHERZOG ADOLPH UND GROSSHERZOGIN ADELHEID-MARIE

Am 10. April 1889 reiste ein vornehmer, sympathischer älterer Herr aus den bayerischen Alpen nach Luxemburg, um für den erkrankten Wilhelm III., König der Niederlande und Großherzog von Luxemburg, die Regentschaft im Großherzogtum zu übernehmen. Da König Wilhelms letzter Sohn Alexander 1884 verstorben war, sollte die Krone an seine Tochter Wilhelmine übergehen. In Luxemburg aber bestimmte die Regelung im Hausgesetz einen männlichen Erben zum Thronfolger, womit der ehemalige Herzog aus dem Hause Nassau-Weilburg präsumtiver luxemburgischer Thronerbe wurde.

Herzog Adolph von Nassau hatte sich zwei Jahrzehnte zuvor in den bayerischen Alpen niedergelassen, nachdem er im Krieg gegen Preußen anno 1866 seine angestammten Lande verloren hatte. Treu

Großherzog Adolph und Großherzogin Adelheid-Marie, die Großeltern von Prinzessin Antonia

Schloss Hohenburg bei Lenggries in Oberbayern

Großherzog Wilhelms Jagdzimmer (links) und das Speisezimmer (rechts) in Schloss Hohenburg, historische Aufnahmen um 1910

seinem Bundes-Eid hatte er sich im deutsch-österreichischen Krieg auf die Seite Österreichs geschlagen. Die Niederlage hatte den Verlust des Landes Nassau, das sein Haus seit vielen Jahrhunderten regierte, zur Folge. Nach langwierigen Verhandlungen wurde die enteignete Familie mit einer Kapitalabfindung von 15 Millionen Gulden entschädigt. Das Geld war aber nicht als Ausgleich für die verlorenen Souveränitätsrechte gedacht, es sollte vielmehr der Familie einen angemessenen Lebensstandard sichern, um nicht das Mitgefühl der früheren Untertanen zu wecken. Außerdem durfte der Herzog einige seiner Schlösser behalten. Doch hielt sich der Herzog nur noch selten in Nassau auf, mit seiner Familie zog er nach Wien, wo er sich ein vornehmes Palais einrichten ließ. Für die Sommermonate hatte er in Oberbayern Schloss Hohenburg gekauft, zusammen mit den wildreichen Jagden in der nahe gelegenen Vorderriss. Angepachtete Hochgebirgsjagden rundeten den neuen Besitz ab.

Hier in der Abgeschiedenheit und Ruhe der Berge sollten seine drei Kinder, die Prinzen Wilhelm und Franz sowie die kleine Prinzessin Hilda aufwachsen, weitab vom politischen Geschehen der Zeit, an dem der Herzog fortan nicht mehr teilhaben durfte.

Doch das Schicksal entschied anders. Völlig überraschend verstarb 1875 Prinz Franz, ein herber Schlag für den Herzog und die Herzogin, die ja schon 1857 und 1859 zwei ihrer Kinder verloren hatten. Mit dem Tode König Willhelm III. am 23. November 1890 und ein

Erster feierlicher Einzug in Luxemburg von Großherzog Adolph und seinem Sohn Wilhelm am 10. April 1889. Ein Jahr später wurde Adolph regierender Großherzog von Luxemburg

Jahr nach dem Antritt seiner Regentschaft erbte nun Herzog Adolph, ein direkter Vetter des Prinzregenten Luitpold von Bayern, endgültig den Luxemburger Thron und wurde als Großherzog von Luxemburg wieder regierender Fürst. Nach Jahrhunderten hatten die Luxemburger wieder eine eigene Dynastie und Herzog Adolph konnte seinen ererbten Titeln den »einer Königlichen Hoheit, Großherzog von Luxemburg« hinzufügen. Mit seinem Sohn Großherzog Wilhelm starb allerdings 1912 auch der Mannesstamm der älteren Linie Nassau aus, sodass schließlich auch in Luxemburg die weibliche Thronfolge zum Zuge kam.

Durch die liebenswürdige Art von Großherzogin Adelheid-Marie und die leutselige Natur von Großherzog Adolph gewannen beide schnell die Herzen der Luxemburger. Viele Spaziergänge durch die Altstadt sind überliefert, bei denen sowohl der Großherzog als auch die Großherzogin spontan auf die Bürger zugingen, um sich mit ihnen über Gott und die Welt zu unterhalten.

Durch die neuen Pflichten als Landesvater war natürlich an ausgedehnte Aufenthalte im Ausland nicht mehr zu denken. Dies war wohl der Grund, warum sich der Großherzog von seinem Palais in Wien trennte, nur Schloss Hohenburg in Bayern blieb in seinem Besitz. Hier verbrachte die großherzogliche Familie alljährlich die Sommermonate und die Jagdsaison.

Großherzog Adolph bei der Jagd in den bayerischen Alpen, um 1890

DIE ELTERN: GROSSHERZOG WILHELM UND GROSSHERZOGIN MARIA-ANNA

Bereits im Jahre 1884 hatte Erbprinz Wilhelm von Nassau seinen Vater um die Erlaubnis gebeten, die junge Prinzessin Maria-Anna aus dem Hause Braganza heiraten zu dürfen. Sie war die Schwester der Prinzessin Maria-Josepha, die am 28. April 1874 Herzog Karl Theodor in Bayern geheiratet hatte. Vermutlich bei einem Besuch am Tegernsee lernte Prinz Wilhelm seine zukünftige Braut kennen. Doch erwies sich der konfessionelle Unterschied für Herzog Adolph als das Haupthindernis für eine solche Verbindung. Nur schwer konnte er sich vorstellen, dass sein Jahrhunderte hindurch

Großherzog Wilhelm und Großherzogin Maria-Anna, die Eltern von Prinzessin Antonia

Schloss Fischhorn bei Zell am See

evangelisches Haus nun über eine Eheschließung katholisch werden könnte. Erbprinz Wilhelm jedoch lehnte jedes andere Eheangebot ab. 1890 dann wandte sich das Schicksal zu Gunsten von Prinz Wilhelm, denn mit Herzog Adolphs Übernahme der großherzoglichen Krone im fast ausschließlich katholischen Luxemburg konnte er seinem Sohne die Zustimmung zur Vermählung wohl nicht mehr länger verweigern.

Die Trauung fand am 21. Juni 1893 auf dem Fürstlich-Liechtensteinschen Schloss Fischhorn bei Zell am See statt, nachdem Papst Leo XIII. den von der katholischen Kirche nötigen Dispens gewährt hatte. Hierbei war die Übereinkunft getroffen worden, dass die Söhne aus dieser Ehe den evangelischen Glauben des Vaters annehmen sollten, die Töchter den katholischen Glauben der Mutter. Somit war für Großherzog Adolph die Garantie gegeben, dass der zukünftige Mannesstamm des Hauses Nassau weiterhin dem protestantischen Glauben angehören würde.

Seinen Wohnsitz nahm das junge Paar auf Schloss Berg bei Colmar, im Herzen Luxemburgs, die Sommer- und Herbstmonate verbrachte man zumeist weiterhin in Hohenburg.

Schloss Berg in Luxemburg

Prinzessin Antonia von Luxemburg

Am 7. Oktober 1899 wurde Prinzessin Antonia Roberta Sophie Marie Wilhelmine von Luxemburg auf Schloss Hohenburg in Bayern geboren. Mit Jubel wurde die glückliche Geburt der kleinen Prinzessin begrüßt, nur bei Großherzog Adolph mischte sich ein wenig Enttäuschung in die Freude ein, hatte er doch schon so lange auf die Ankunft eines männlichen Erben gehofft. Drei gesunden Prinzessinnen schenkte die Erbgroßherzogin bisher das Leben: am 14. Juni 1894 Prinzessin Marie-Adelheid, ihr folgten am 23. Januar 1896 Prinzessin Charlotte und am 15. Februar 1897 Prinzessin Hilda.

Am Dienstag, dem 10. Oktober, wurde Prinzessin Antonia in der Schlosskapelle von Hohenburg vom Pfarrer aus Lenggries getauft. Patin und Pate waren eine Schwester und ein Schwager der Erbgroßherzogin, die Herzogin Maria-Antonia von Parma, geborene Prinzessin von Braganza, Infantin von Portugal und deren Gemahl Robert von Bourbon, Herzog von Parma, Piacenza und Guastalla, Infant von Spanien.

Prinzessin Antonia mit ihrer Amme im Oktober 1899

Ein aufschlussreiches Pastell-Gemälde von Tini Rupprecht (siehe nächste Seite) im großherzoglichen Palais in Luxemburg stammt aus dieser Zeit. Darauf zu sehen sind die vier erstgeborenen Prinzessinnen in einer Wolke von Tüll- und Spitzenvolants. Im Zentrum des Bildes sitzt Prinzessin Marie-Adelheid, um die sich links Prinzessin Charlotte mit Strohhut und rechts Prinzessin Hilda gruppieren. Auf ihrem Schoß hält Prinzessin Hilda Klein Antonia. Die Älteste und die Jüngste halten an jedem seiner Enden ein blaues Seidenbändchen in der Hand – eine delikate Anspielung auf die Hoffnung, die man sich machte, dass das nächste Mal wohl doch noch ein männlicher Stammhalter unterwegs sei.

Doch die Hoffnung blieb vergebens, knapp zwei Jahre nach Antonia wurden am 7. März 1901 Prinzessin Elisabeth und ein Jahr später, am 14. Februar 1902 Prinzessin Sophie geboren. Bis zuletzt hatte der greise Landesherr und sein Volk die Hoffnung auf die Ankunft eines Erbprinzen nicht aufgegeben. Er blieb aus und damit waren, gemäß Übereinkunft mit Papst Leo XIII., die Erben des Hauses Nassau nun katholisch.

Prinzessin Antonia um 1903

ANTONIAS KINDER- UND JUGENDJAHRE

Die ersten unbeküm- merten Kinderjahre verbrachte Prinzes- sin Antonia inmitten ihrer Schwestern auf dem alten Schloss Berg in Luxemburg, wobei offensichtlich wurde, dass die klei- ne »Toni«, wie sie Großvater Adolph liebevoll nannte, zum ausgesproche- nen Liebling ihrer Großmutter, der Großherzogin Adel- heid-Marie, wurde. Die schönsten Erin- nerungen in Berg an

Die Prinzessinnen beim Verteilen von Weihnachtsgeschenken, nach einem Aquarell von Lily Unden

diese Zeit waren die Heiligabende um die Jahrhundertwen- de. Dann zogen die Prinzessinnen mit einem kleinen Karren, an den sie ihren Esel »Mucki« gespannt hatten, durch den Ort, um ihre Geschenkpakete und geschmückten Weihnachtsbäume an die in Berg wohnenden Angestellten und deren Kinder zu ver- teilen.

Trotz der vielen Aufgaben als Regent von Luxemburg gehörten für Großherzog Adolph auch weiterhin die alljährlich in den bayeri- schen Bergen abgehaltenen Hofjagden zum festen Bestandteil des Kalenders der großherzoglichen Familie.

Für die kleinen Prinzessinnen bedeuteten diese Aufenthalte die schönste Zeit des Jahres. Hier konnten sie sich in den ausgedehn- ten Hohenburger Parkanlagen so richtig austoben. Wann immer möglich, wurden Ausflüge in die Natur unternommen. Erzieherin und auch ständige Begleiterin wurde Fräulein Marie Knaff, eine äußerst nette Dame mit gutmütigem, aber stets entschlossenem Gesichtsausdruck, wie sie von älteren Zeitgenossen beschrie- ben wurde. Als sie 1904 als Lehrerin der Prinzessinnen in den Hofdienst trat, bemerkte Miss Mac Elligott, die damals englische

Die Prinzessinnen Charlotte, Marie-Adelheid, Hilda und Antonia im Jahre 1901, Pastell von Tini Rupp- recht

*»D'Joffer« Marie Knaff, die langjäh-
rige Erzieherin der Prinzessinnen*

Erzieherin in ihrem Einstellungsbericht an Großherzogin Maria-
Anna:

*Sie machte einen guten Eindruck, ich glaube, sie hat auch ein nettes Ge-
sicht, das ich aber nicht recht sehen konnte, da sie einen zu großen Hut auf-
hatte.*

Die Prinzessinnen jedenfalls hatten sie sofort ins Herz geschlossen
und so blieb sie bis zu ihrem Tode eine ständige Begleiterin der
großherzoglichen Familie. Viele Anekdoten aus der Kinderzeit der
Prinzessinnen verdanken wir ihren Erzählungen, wobei sie stets
darauf bedacht war, nicht in den Vordergrund zu treten, dies war
einzig und allein ihrer Herrschaft vorbehalten.

Einmal, so erzählte sie, fragte die kleine Charlotte, wie man eigentlich das »Fräulein« ins Luxemburgische übersetzen könnte. Ganz
einfach »Joffer« war die Antwort. Seither war Fräulein Knaff, ob in
Luxemburg oder Bayern, stets nur noch »d'Joffer«. Die Verbunden-
heit mit der Familie des Großherzogs ging so weit, dass, als die älteren der Mädchen ihrer Obhut entwachsen waren und sich mehr im
Umfeld ihrer Mutter aufhielten, Maria-Anna öfter von ihren Töchtern und denen von Fräulein Knaff sprach. Gemeint waren natürlich hierbei ihre eigenen, drei jüngsten Kinder, was bei manch
einem Bürger zu einiger Konfusion führte.

*Die Prinzessinnen Hilda, Marie-
Adelheid, Charlotte, Antonia,
Sophie und Elisabeth um 1907*

Zu den Spielkameraden der Prinzessinnen in Hohenburg dürften in diesen Jahren vor allem die Kinder
der bayerischen Prinzen Alphons und Ludwig Ferdinand gehört haben. Beide Prinzen waren lei-
denschaftliche Jäger und mit ihren Familien
gern gesehene Gäste des Hauses Luxemburg.
Bei solchen Besuchen erzählte sicherlich die
Großherzogin von ihrem ehemaligen Lande
Nassau und seinen Schlössern, denn als die
Frau von Prinz Alphons, Prinzessin Louise
1895 bei einer Reise die Rheinlande besuchte,
waren es gerade die ehemaligen Schlösser und
Besitzungen des Herzogs, die sie ihrem Vater, dem
Herzog von Alençon, in ihren Reisebriefen in den blü-
hendsten Farben schilderte.

Ganz besonders ins Herz geschlossen hatte Großherzog Adolph
Prinzessin Maria de la Paz, die Frau von Prinz Ludwig-Ferdinand
von Bayern. Sie war äußerst liebenswürdig und weilte oft mit ihren

*Prinz Alfons und Prinzessin Louise
von Bayern mit ihren Kindern
Joseph-Clemens und Elisabeth*

*Prinz Ludwig-Ferdinand und Prin-
zessin Maria de la Paz von Bayern
mit ihren Kindern Ferdinand
Maria, Adalbert und Maria del
Pilar*

Postkarte zur Erinnerung an die goldene Hochzeit von Großherzog Adolph und Großherzogin Adelheid-Marie am 23. April 1901

Kindern, den Prinzen Ferdinand-Maria, Adalbert und der kleinen Pilar in Hohenburg.

Am 4. April 1902 setzte der inzwischen 85 Jahre alte Großherzog Adolph seinen Sohn als Statthalter in Luxemburg ein, lediglich die auswärtigen Angelegenheiten und die Verleihung von Auszeichnungen behielt er sich noch vor. Nun zeitweise an den Rollstuhl gefesselt, verbrachte er einen Teil des Jahres in Abbazia, wo er 1901 mit der Großherzogin die goldene Hochzeit feiern konnte. Da er aber auf seine Jagd nicht verzichten wollte, war es nur verständlich, dass er den größten Teil der restlichen Zeit in Bayern verbrachte.

Schloss Hohenburg von der Parkseite aus gesehen

GROSSHERZOG ADOLPHS TOD

Im Herbst weilte Großherzog Adolph wieder in Hohenburg. Am 8. November wurde er von bedenklichen Schwächeanfällen heimgesucht, doch schon bald konnte er wieder zu seinen schweren Havannazigarren greifen, die er bevorzugt in einer langen Pfeife rauchte. Am Abend des 16. November ließ er sich im Schlosshof spazieren fahren, aber schon in der darauf folgenden Nacht machte sich erneut eine zunehmende Schwäche bemerkbar. Am Morgen des 17. November 1905 um 11 Uhr verschied Großherzog Adolph von Luxemburg und Herzog von Nassau im Kreise seiner Familie. Auf Schloss Hohenburg, in Luxemburg und in seinem ehemaligen Nassauer Land senkten sich die Fahnen auf Halbmast. In der protestantischen Kapelle des Schlosses wurde er aufgebahrt, umgeben von einer Ehrenwache seiner Mittenwälder Leibjäger.

Am Tag der Beisetzung stand die englische Gouvernante mit den beiden jüngsten Prinzessinnen Elisabeth und Sophie im Park des Schlosses. Als der Sarg lautlos an ihnen vorbeizog, machten die Kleinen einen letzten Knicks vor ihrem lieben Großvater. Antonia und ihre großen Schwestern hatten sich mit den Damen und dem weiblichen Gefolge vom Schloss aus direkt zur Gruft begeben und erwarteten dort den Zug. An den Trauergästen vorbei wurde der Sarg zum Begräbnisplatz getragen und über der Gruft niedergestellt. Die anschließende kirchliche Zeremonie und die Einsegnung der Leiche begleitete der Lenggrieser Gesangsverein. Es war eine würdige Feier im engsten Kreise, so wie sie sich Großherzog Adolph gewünscht hatte. Noch am gleichen Tag legte sein Sohn Wilhelm, der neue Großherzog von Luxemburg in Schloss Hohenburg, vor einer Delegation der Luxemburger Abgeordneten-Kammer den Eid auf die Verfassung ab.

Großherzog Adolphs Grabstätte im Schlosspark von Hohenburg. Nach dem Verkauf von Hohenburg 1953 wurden die sterblichen Überreste des Großherzogs in die Weilburger Fürstengruft überführt

GROSSHERZOG WILHELM VON LUXEMBURG

Hauptsitz der großherzoglichen Familie in Luxemburg war das romantische, am Zusammenfluss von Alzette und Attert gelegene, neugotische Schloss Berg, das Großherzog Wilhelm ab 1907 vom Münchner Architekten Max Ostenrieder nun völlig umgestalten und erweitern ließ. Durch diesen geplanten Umbau kam es für die großherzogliche Familie zu einem Daueraufenthalt auf Schloss

Großherzogin Maria-Anna und Großherzog Wilhelm von Luxemburg

Die Prinzessinnen Hilda, Antonia, Marie-Adelheid und Charlotte 1907 in Lenggrieser Tracht

Hohenburg in den bayerischen Alpen. In Luxemburg standen ihm zwar das großherzogliche Palais, der eigentliche Regierungssitz, sowie die Schlösser Fischbach und Walferdingen zur Verfügung, aber für den äußerst angeschlagenen Gesundheitszustand des Großherzogs entschloss man sich mit Billigung der Regierung, wegen der dem Großherzog Linderung bringenden gesunden Bergluft, von Hohenburg aus die Staatsgeschäfte zu führen. Hier lernten die Prinzessinnen mit dem Schulunterricht dann auch den Ernst des Lebens kennen. Im Zwischengeschoss von Schloss Hohenburg wurden die Schulräume eingerichtet. Gelehrt wurde nach dem luxemburgischen Schulprogramm, erweitert durch Sprachen, Klavierspiel, Handarbeit und Malen. Die malerische Begabung von Großherzogin Adelheid-Marie hatte sich auf ihre Enkelinnen übertragen. In einem eigens dafür eingerichteten Maleratelier erteilte ihnen Professor Thyes Zeichenunterricht. War dieser verhindert, übernahm die Großmutter Adelheid-Marie den Unterricht.

Durch den Hohenburger Aufenthalt entwickelten die Prinzessinnen eine besonders enge Naturverbundenheit und Tierliebe. Neben Papageien und dem kleinen Hund Pimperl gehörte eine Zeit lang ihre besondere Aufmerksamkeit der Schmetterlingssammlung der

älteren Schwester Marie-Adelheid. In ihrem Zimmer züchtete sie
Raupen, beobachtete, wie sie sich verpuppten und die Kinder konnten
es kaum erwarten, bis die fertigen Schmetterlinge aus ihrem
Kokon hervorkrochen. Ganz besonders groß aber war die Freude
der Prinzessinnen, als der Herzogliche Stallmeister von Bohlen und
Halbach ihnen von einer Jagd aus Finnland drei kleine Bären mitbrachte.
Marie-Adelheid gab ihnen die Namen Mischko, Mascha
und Vassia. Mit der Flasche mussten die drei in Hohenburg großgezogen
werden, wobei die beiden Brüder laut Fräulein Knaff einen
besseren Charakter hatten als Vassia. Diese war falsch und egoistisch
und versuchte stets mit Pfotenhieben die beiden anderen von der
Flasche zu vertreiben. Später, als sie zu stattlichen Bären herangewachsen
waren, wurden sie dem Münchner Zoo geschenkt.

Im Park hatte Großherzog Wilhelm den Mädchen ein kleines
Schneewittchenhaus einrichten lassen. Hier wurde gekocht, gebacken
und bei allen möglichen großen Anlässen erhielten die Hofdamen
Einladungen zum Tee mit Pfannkuchen. Theaterstücke wurden
einstudiert, die abends im Altan des Schlosses zur Aufführung
kamen und wie Großvater Adolph pflegten auch die Enkelinnen die
Dichtkunst. An ein Gedicht auf drei Hofjäger, das Prinzessin Anto-

*Die Prinzessinnen Antonia mit
Papagei, Antonia und Charlotte mit
Hund Pimperl und Marie-Adelheid
mit den Bären Mischko und Mascha*

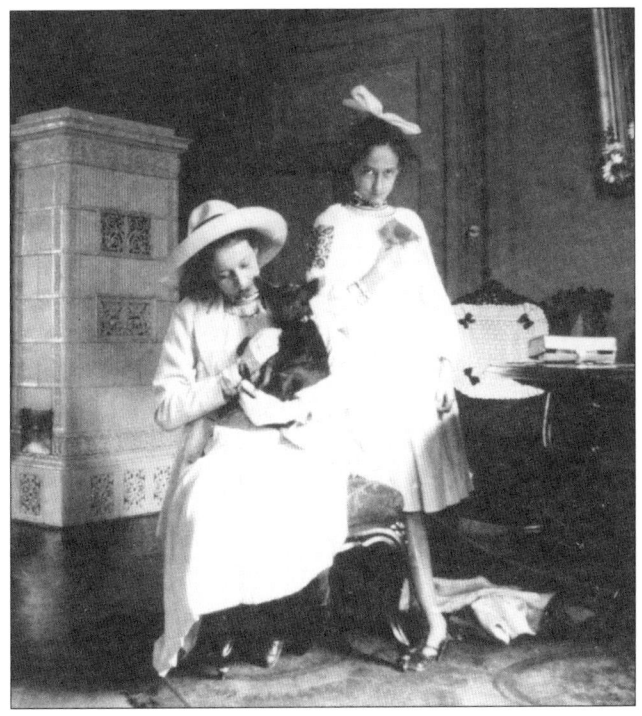

Die Prinzessinnen Hilda, Marie-Adelheid, Charlotte und Antonia beim Theaterspiel in Hohenburg

Mundschenk Louis Faber mit den Jägern Kirchner, Biller und Demuth

nia oft rezitierte erinnert sich ihre Tochter, Prinzessin Irmingard von Bayern noch heute:

»Kirchner, Demuth und Biller
sie werden immer stiller,
das Bier ist ausgegangen,
nun sie lassen die Köpfe hangen,
sie spüren so etwas wie Wehmuth,
Kirchner, Biller und Demuth!«

Im Winter begeisterten sich die Mädchen besonders an die von Luxemburg her so nicht gekannten Schneemassen. Dann wurde gerodelt und Schlittschuh gelaufen, und manchmal, bei besonders schönem Wetter, gab es eine vierspännige Schlittenfahrt in die verschneiten Berge des Isartals.
Als sie dann etwas größer wurden, erlernten die Prinzessinnen auf Ponys das Reiten und erhielten später sogar ihre eigenen Pferde.
Auch in Luxemburg, wo sich die Prinzessinnen im Gegensatz zu Hohenburg an das Hofprotokoll halten mussten, saß ihnen manchmal ganz schön der Schalk im Nacken: Wohl aus Ermangelung

Die Prinzessinnen Marie-Adelheid und Antonia beim Besteigen der Dächer des großherzoglichen Palais in Luxemburg

bayerischer Berge entschlossen sie sich eines Tages das Dach des großherzoglichen Palais zu erklimmen, in voller Damenkleidung! Wie bei jeder guten Gebirgsexpedition wurde diese Erstbesteigung des Südturms natürlich im Foto fest gehalten. Prinzessin Marie-Adelheid, die spätere Großherzogin, ließ sich sogar hinreißen, dort oben, auf dem Gipfel ihres Palastes über ihrer Residenzstadt, mit ihrer immer ernsten Miene, ein Violinständchen zu präsentieren. Dass die Kinder der Kronprinzessin zwei Jahrzehnte später auf dem Schlossdach von Hohenschwangau eine ähnliche Kletterleidenschaft entfalteten, müssen sie wohl von ihrer Mutter geerbt haben.

Leider war es Großherzog Wilhelm nicht lange vergönnt, sich den Interessen seines Landes zu widmen. Eine Gehirnblutung, die er bereits 1898 erlitten hatte, war immer noch nicht überwunden. Mit der Zeit entwickelte sie sich zu einer Gehirnembolie, die starke Lähmungserscheinungen nach sich zog. Der schlechte Gesundheitszustand von Großherzog Wilhelm besserte sich kaum. Auch Aufenthalte im Süden, wo er sich zur Erholung mehrfach zurückzog, brachten kaum Linderung, seine Kräfte schwanden immer mehr. So gut es ging, versuchte er seinen Regierungsgeschäften nachzukommen, wobei ihm besonders die Fürsorge um die Sicherstellung der Zukunft seiner Familie und des Landes am Herzen lagen. Der wohl wichtigste Akt hierbei war eine Neuregelung der Erbfolge. Nachdem diese nur im Mannesstamm erfolgen konnte, Großherzog Wilhelm aber keinen männlichen Thronfolger

Großherzog Wilhelm um 1905

*Großherzogin Maria-Anna um
1905*

hatte, wurde nun seine älteste Tochter, Prinzessin Marie-Adelheid
mit knapp 13 Jahren zur Erbin der luxemburgischen Krone er-
nannt.

Zu Beginn des Jahres 1908 verschlechterte sich die Gesundheit von
Großherzog Wilhelm so sehr, dass er am 19. März seine Frau, Großherzogin Maria-Anna zur Statthalterin von Luxemburg ernannte
und als dann keine Hoffnung mehr auf Besserung bestand, mussten
die Regierung und die Kammer der Abgeordneten die Regierungs-
unfähigkeit des Großherzogs offiziell feststellen. Gemäß Verfassung
und dem Nassauischen Hausgesetz hätte die damals 75-jährige
Großherzogin-Mutter Adelheid-Marie die Regentschaft übernehmen müssen. Da sie aber auf ihr Recht verzichtete, berief die
Kammer der Abgeordneten am 13. November 1908 Großherzogin
Maria-Anna zur Regentin. Vor einer Delegation aus Luxemburg
und in Anwesenheit ihrer Schwiegermutter, der Großherzogin
Adelheid-Marie und ihrer Töchter leistete sie am 19. November auf
Schloss Hohenburg den vorgeschriebenen Eid auf die Verfassung.
Hierüber berichtete die Zeitung »Luxemburger Wort« in der Ausga-
be vom 20. November:

Schloss Hohenburg, 19. Nov. 2,25 Uhr nachm.
*Gestern Abend traf die Kammerdeputation in München ein und wurde
vom Flügeladjutanten des Großherzogs Wilhelm, Herrn Major van Dyck
am Bahnhof empfangen.*
*Heute Früh begab sie sich nach Hohenburg. Hier fand um halb 1 Uhr die
Eidesleistung der Großherzogin zu Händen der Vertreter des Landes, der
HH. Laval, Hemmer, Housse, Mayrisch und Metz statt.*
*Dem feierlichen Akte wohnten außerdem bei: die Großherzogin-Witwe,
Erbprinzessin Marie-Adelheid und die übrigen Prinzessinnen, Staatsmi-
nister Eyschen und Finanzminister Mongenast, Hr. De Colnet, Privatsekre-
tär S.K.H. des Großherzogs und die gesamten Hofchargen.*
Hr. Präsident Laval hielt eine Ansprache an die Großherzogin.

Nach der Eidesleistung hielt auch die Großherzogin eine kurze
Ansprache. Ein Empfang mit Diner beschloss die Feier.
Angesichts der Leiden von Großherzog Wilhelm war Schloss
Hohenburg kein froher Sommersitz mehr, und nicht einmal die
Kommunionfeiern der Prinzessinnen konnten die Sorge um den
kranken Vater verdrängen. Am 4. April 1911 feierte auch Prinzessin
Antonia auf Schloss Hohenburg ihre erste hl. Kommunion. Weni-
ge Monate später durfte sie ihre Patentante, bei der sie in Italien zu

Die Prinzessinnen Marie-Adelheid, Charlotte, Hilda und Antonia beim Ausritt in Luxemburg

Besuch weilte, nach Rom begleiten und empfing aus der Hand des damaligen Papstes, Pius X., das Sakrament der Firmung.

Es war sicherlich eine schwere Zeit für die kleinen Mädchen und die einst so fröhlichen Kinderaugen waren traurig geworden. Besonders die empfindsame Prinzessin Marie-Adelheid, die ihrer Mutter bei der Pflege des Vaters unterstützte, litt sehr unter der Hilflosigkeit, mit der sie ihrem leidenden Vater gegenüber stehen musste. Selten erhellte ein Lächeln ihr Gesicht in jenen Tagen und richtig glücklich war sie eigentlich nur, wenn sie sich zu ihren drei Bären zurückziehen konnte.

Aber auch die anderen Prinzessinnen waren bemüht, dem kranken Vater den Alltag so erträglich wie möglich zu machen. Sobald die Mutter wegen offizieller Anlässe verhindert war, traten sie in Aktion, ließen ihren Vater nicht aus den Augen und erfüllten ihm jeden Wunsch. Wenn das Wetter es erlaubte, ruhte der Großherzog in einem kleinen, eigens für ihn hergerichteten Zelt im Park. Hier ereignete sich an einem sonnigen Herbstnachmittag eine rührende Begebenheit, die uns die Erzieherin Marie Knaff in ihren Erinnerungen erzählt.

Weinend kam die kleine Elisabeth ins Schloss zu ihrer Mutter – ihre Hand rot und geschwollen. Was war passiert?

Die Prinzessinnen Charlotte, Hilda, Marie-Adelheid und Antonia um 1910

Eine freche Wespe wollte den armen Papa stechen. Ich habe sie immer wieder verscheucht, aber sie kam immer wieder. Dann habe ich gedacht: es ist besser, sie sticht mich als den armen Papa.

*Die Floßfahrt der Luxemburger
Prinzessinnen am 24. August 1910*

Auch die Bevölkerung nahm Anteil am Leiden des schwer kranken
Monarchen, wobei sie besonders die Traurigkeit der jungen Prinzessinnen rührte. Um ihnen wenigstens eine kleine Freude zu bereiten,
organisierte die Alpenvereinssektion Lenggries eine Floßfahrt nach
München, die für die Prinzessinnen zu einem einmaligen Erlebnis
wurde. Unter dem Titel: »Floßfahrt der luxemburgischen Prinzessinnen« berichtete die lokale Presse am 24. August 1910 über das
Ereignis:

*Sechzig Mann der Alpenvereinssektion Lenggries unternahmen am Don-
nerstag eine Floßpartie nach München und hatten die Freude, als Ehrengäs-
te vier Prinzessinnen des Hauses Luxemburg mitnehmen zu können und
zwar Ihre kgl. Hoheit die Erbgroßherzogin Marie-Adelheid und die Prinzessinnen Charlotte, Hilda und Antonie, dann Baronin von Hirschberg,
die Hofdame der Großherzogin, Komtesse de Coqueruy de Balmenier,
Herrn von Bohlen und Herrn Hofrath Dr. Gröschl, den Leibarzt des
Luxemburger Hauses. Das stark gebaute Floß trug Tische und Bänke und
war dekoriert; über dem Tisch der fürstlichen Gäste erhob sich eine Guirlan-
denkrone aus Alpenrosen mit Fahnen in den luxemburgischen Farben. Die
Abfahrt in Lenggries erfolgte morgens 8 Uhr, um 12 Uhr war man in Wol-*

fratshausen, wo kurze Zeit angelegt wurde. Diese Pause benutzte Herr Hofrath Dr. Gröschl, um namens der Alpenvereinssektion Lenggries und im Auftrage der Prinzessinnen dem Erbauer und Führer des Floßes, Herrn Floßmeister Drexler, beste Anerkennung zu zollen. Floßmeister Drexler dankte und brachte ein Hoch auf die Prinzessinnen aus. Dann ging es weiter München zu. Nach glatter Fahrt wurde um halb 3 Uhr an der Zentralände angelegt. Das Andenken an diese Fahrt wurde noch in einer fotografischen Aufnahme fest gehalten.

Im Sommer 1911 war der Neubau von Schloss Berg fertig gestellt und so entschloss man sich im September zur Rückkehr nach Luxemburg. Sterbenskrank bezog der Großherzog mit seiner Familie das neue Heim.

Besonders für die Kinder war es eine große Umstellung: Aus dem einst romantisch verwinkelten, neugotischen »Märchenschloss« war eine riesige Anlage, nach dem Vorbild von Schloss Weilburg an der Lahn, dem Stammsitz der Herzöge von Nassau geworden. Um den Bergfried herum gruppierten sich hohe, im Stil der Jahrhundertwende gehaltene Gebäude. An Stelle der ehemals kleinen, heimeligen in neugotischem Stil ausgestatteten Salons traten nun große Säle im Renaissance-Stil; aus dem ehemaligen Landsitz und Absteigequartier der Könige der Niederlande war eine repräsentative Residenz der Großherzöge von Luxemburg geworden. Lange brauchten die Kinder, sich in diesem neuen Schloss heimisch zu fühlen, hinzu kam, dass trotz aller ärztlicher Mühen sich die Gesundheit des Großherzogs immer mehr verschlechterte. Ein Brief vom 13. Februar aus Schloss Berg an den Schlossverwalter in Hohenburg beschreibt den Zustand des Kranken:

Hier sieht es denkbar traurig aus, zweifelsohne werden Sie aus der Zeitung schon ersehen haben, dass sich das Befinden des armen Hohen Patienten stetig verschlechtert. – Zu den vielen Uebeln muss man jetzt auch noch der Ansicht sein, dass Seine Königliche Hoheit von quälenden Schmerzen gepeinigt wird, denn das beständige Stöhnen läßt mit Sicherheit darauf schließen. – Die Nahrungsaufnahme gestaltet sich immer schwieriger, das Körpergewicht geht ständig zurück, das Aussehen ist schrecklich. – Es ist ein wirklicher Jammer, dass der Hohe Patient so furchtbar leiden muss und die Stunde der Erlösung nicht kommen will. Menschlich gedacht, kann man jetzt wirklich nichts mehr anderes wünschen. – Bitte Sie, alle diese Mitteilungen als nur für Sie und Ihre Frau gemacht zu betrachten.

Schloss Berg in Luxemburg in seiner neugotischen Gestalt und nach dem Umbau

Verständlich, dass durch die fremde Umgebung und die Krankheit des Vaters beim ersten Weihnachtsfest im neuen Schloss Berg keine rechte Freude aufkommen wollte.

GROSSHERZOG WILHELMS TOD

Am Sonntag, dem 25. Februar 1912, traten große Herzbeschwerden ein. Nach altem Hofbrauch versammelten sich nun alle Familienmitglieder mit den Suiten am Bett des Sterbenden. Am Abend um 18.35 Uhr verschied Großherzog Wilhelm. Seine Frau Maria-Anna und seine Mutter Adelheid-Marie hielten ihm bis zuletzt die Hand. Mit Wilhelm verlor Großherzogin Adelheid-Marie ihren dritten und letzten Sohn, vielleicht war das auch der Grund, warum sie, beim anschließenden Gebet im »Vater unser« den Satz »Dein Wille geschehe« ganz besonders betonte.

Am 1. März wurde Großherzog Wilhelm nach Weilburg überführt, wo er in der Gruft seiner Väter die letzte Ruhe fand. Zu seiner Erinnerung ließ Großherzogin Maria-Anna in guter katholischer Tradition ein Sterbebildchen des Verstorbenen drucken, mit dem späteren für die Großherzogin Adelheid-Marie die wohl einzigen im evangelischen Hause Nassau.

Bis zur Großjährigkeit von Prinzessin Marie-Adelheid führte ihre Mutter, Großherzogin Maria-Anna als Regentin die Staatsgeschäfte. Wo immer sie mit ihren Töchtern erschien, erregte sie berechtigtes Aufsehen. Bei so viel vereinter Anmut und Schönheit war es unmöglich, eine Präferenz auszusprechen, meint E. T. Melchers, ein Kenner des großherzoglichen Hauses in seinem Werk »Unvergessene Gestalten unserer Dynastie«, aber Prinzessin Antonia, »Toni« für ihre zahlreichen Luxemburger und bayerischen Bewunderer. Rein äußerlich kam der südländische Typ der Braganza wohl am stärksten bei ihr zur Geltung. Mit ihrem matten Teint, den ausdrucksvollen Mandelaugen und der tiefschwarzen Haarpracht war sie eine bezaubernde Erscheinung, eine auffallende Schönheit. Hoch begabt auf vielen Gebieten, sei sie das gewesen, was man gemeinhin als »Multitalent« bezeichnet habe. Ebenso qualifiziert für ein Hochschulstudium wie musisch veranlagt, besaß sie noch dazu die sportlichen Eigenschaften einer Athletin. »Toni« die perfekte Reiterin, war eine Schlittschuhläuferin, die an die Koryphäen des Eiskunstlaufs heranreichte.

Das »katholische« Sterbebildchen des »evangelischen« Großherzogs Wilhelm von Luxemburg

Großherzogin Marie-Adelheid

Prinzessin Charlotte

Großherzogin Marie-Adelheid von Luxemburg im Kreise ihrer Schwestern

Prinzessin Antonia

Prinzessin Sophie

Prinzessin Hilda

Prinzessin Elisabeth

Prinzessin Marie-Adelheid in bayerischer Tracht …

GROSSHERZOGIN MARIE-ADELHEID

Am 18. Juni 1912 leistete Marie-Adelheid, als erste in Luxemburg geborene Großherzogin, den Eid auf die Verfassung. Wie die meisten jungen Fürsten hatte sie eine sehr idealistische Vorstellung vom Herrschertum, von den Rechten und Pflichten eines Fürsten: eine Vorstellung, die nicht unbedingt dem Geiste ihrer Zeit entsprach und die zum Teil an der Realität scheitern musste, wie es der luxemburger Autor Jean Schoos so in einem Beitrag über die Großherzogin formulierte. Von ihrem Regierungsantritt an versuchte sie, aktiv in das politische Geschick des Landes einzugreifen, wofür man sie später der Parteilichkeit beschuldigte.

… und als Großherzogin von Luxemburg

Prinz Rupprecht von Bayern

KINDHEIT UND JUGEND

Am 18. Mai 1869 wurde Prinz Ludwig und Prinzessin Marie Therese von Bayern im Münchner Leuchtenberg-Palais der spätere Kronprinz Rupprecht geboren. Es war im 6. Regierungsjahr des 23-jährigen Königs Ludwig II., knapp drei Jahre nach dem deutsch-deutschen Bruderkrieg von 1866 und ein Jahr vor dem deutsch-französischen Krieg, der so vieles in Deutschland verändern sollte. Trotzdem konnte zu dem Zeitpunkt noch niemand ahnen, dass dieser Rupprecht einmal der Anwärter auf die bayerische Königskrone werden sollte. Wohl aus diesem Grunde erhielt der junge Prinz keine Privat-Erziehung, sondern er besuchte ganz normal das Maximiliansgymnasium in München, eine öffentliche Schule. Durch das Zusammensein mit den verschiedenen Volksschichten sollte ihm eine frühe Gewöhnung an zielbewusste Arbeit, Pflichterfüllung und Rechenschaft sich selbst gegenüber vermittelt werden. Auch die Atmosphäre am Hof des mit vielen Künstlern und Gelehrten verkehrenden Regenten sollten den Gesichtskreis und die Weltanschauung des jungen Prinzen erweitern. Neben dem Studium der Rechts- und Staatswissenschaften an der Münchner und Berliner Universität beschäftigte ihn vor allem die Kunstgeschichte, was später seinen Interessen als Kunstmäzen ganz besonders entsprach. Auch privat war der junge Prinz alles andere als ein Märchenprinz. Wie er selbst in einem kleinen, der Jugend gewidmeten Lebensbild berichtete, musste auf Anweisung des Vaters an allen Ecken und Enden gespart werden. Als Leutnant wurde er sogar angehalten, mit seinem Gehalt auszukommen, da die geringe Zulage, die er nach eigenen Worten erhielt, gerade mal reichte, einen Diener zu halten. Meist herrschte gegen Monatsende bedenkliche Kassenebbe. Laut eigener Aussage waren selbst die Mahlzeiten in diesen kritischen Tagen dementsprechend bescheiden.

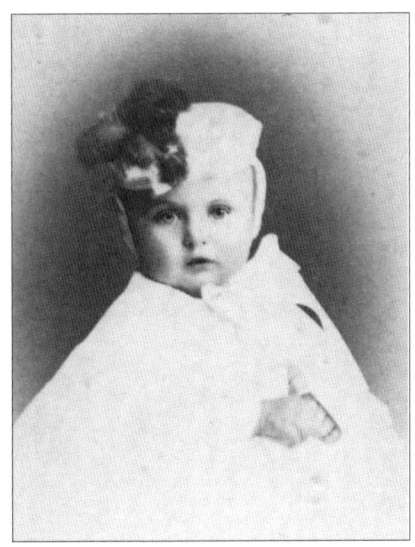

Prinz Rupprecht von Bayern im Jahre 1869

Prinz Ludwig von Bayern um 1875
mit seiner Frau Marie Therese und
den Kindern Adelgunde, Rupprecht,
Franz, Karl und Maria

In seiner militärischen Laufbahn wechselte er bald vom Dienst bei der Truppe zum Dienst bei den Stäben. Auch an dem großen Kaisermanöver nahm er teil und stieg schnell zum General auf, um im Ersten Weltkrieg als bayerischer Generalfeldmarschall und preußischer Feldmarschall eine Heeresgruppe in Frankreich zu befehligen. Seine

Prinzessin Marie Therese von Bayern 1888 mit elf ihrer 13 Kinder, links Prinz Rupprecht

Urlaube benutzte der Kronprinz zu wohlbereiteten Studienreisen, zunächst nach Italien, dem Balkan und in die Türkei. Es folgten zahlreiche Reisen nach Indien, China, Japan, die USA und Kanada. Über seine Ostasieneindrücke schrieb er zwei umfangreiche Bücher, aus denen eine für die damalige Zeit erstaunliche Weltaufgeschlossenheit spricht. Mit hervorragender Beobachtungsgabe analysierte er die soziologischen Vorgänge im Fernen Osten.

Durch den frühen Tod des kinderlosen Königs Ludwig II., und die nicht gegebene Regierungsfähigkeit seines Bruders Otto, wurde Rupprechts Großvater Luitpold 1886 zum Regenten des Königreiches Bayern. Nach dessen Tod 1912 wurde sein Vater Ludwig zu dessen Nachfolger und Prinz Rupprecht zum Kronprinzen von Bayern.

Im Jahre 1900 heiratete Kronprinz Rupprecht die junge, gut aussehende und hoch begabte jüngste Tochter des Herzogs Karl-Theodor in Bayern, eine Schwester der Königin Elisabeth von Belgien. Vier Kinder wurden dem Paar in den folgenden Jahren geboren, Prinz Luitpold 1901, Prinzessin Irmingard 1902, Prinz Albrecht 1905 und Prinz Rudolf 1909. Doch das Schicksal meinte es nicht gut mit Kronprinzessin Marie-Gabriele. Bereits sieben Monate nach ihrer

Prinz Rupprecht von Bayern 1889

Prinz Rupprecht mit seiner Braut Marie-Gabriele am 10. Juli 1900 und um 1910 mit den Kindern Luitpold, Rudolf und Albrecht

Geburt starb Prinzessin Irmingard und auch Prinz Rudolf lebte nur drei Jahre und starb am 26. Juni 1912, gefolgt von seiner Mutter Kronprinzessin Marie-Gabriele, die am 2. August in Sorrent, nach schwerer Krankheit im Alter von nur 34 Jahren verstarb. Nach einer plötzlichen Kinderlähmung verlor der Kronprinz am 27. August 1914 auch noch seinen ältesten Sohn, den Erbprinzen Luitpold. Nun blieb ihm nur noch Prinz Albrecht, der von nun an den Titel Erbprinz tragen sollte.

Zwei Ereignisse dürften den Prinzen Rupprecht in seinen jungen Jahren wohl ganz besonders für sein Leben geprägt haben: Zum einen die Entmündigung und Absetzung König Ludwig II., deren Umstände und dessen Tod bis heute zu Spekulationen Anlass bietet und zum anderen die Absetzung des kranken Königs Otto sowie der fragwürdigen Art und Weise, wie sein Vater, König Ludwig III. die Königswürde erlangte.

Medaille von 1911 auf die Wittelsbacher Thronfolge: Prinzregent Luitpold und die Prinzen Ludwig, Rupprecht und Luitpold

DIE BAYERISCHE KÖNIGSTRAGÖDIE

Die Beziehungen zwischen König Ludwig II. von Bayern und seinem Onkel Prinz Luitpold sowie dessen Söhnen Ludwig und Leopold waren nie die besten gewesen, zu unterschiedlich waren ihre politischen Auffassungen. Hinzu kamen die nie abreißenden Bestrebungen Luitpolds, die Krone Bayerns für sich und seine Söhne zu gewinnen, Bestrebungen, die mit dem Willen Ludwig II., nicht zu heiraten, und der sich immer stärker bemerkbar machenden Krankheit seines Nachfolgers Otto eine immer größere Aussicht auf Erfolg versprachen. Nachdem der König nicht bereit war, sich der von Preußen diktierten Reichspolitik zu unterwerfen und auch zu einem Thronverzicht nicht zu bewegen war, ließ die Regierung mit Billigung Prinz Luitpolds ein sehr zweifelhaftes Gutachten über den Gesundheitszustand des Königs anfertigen, anhand dessen er für regierungsunfähig erklärt und in einer Nacht- und Nebelaktion abgesetzt wurde. Pikant hierbei war die Tatsache, dass diese Absetzung nicht im Rahmen der Verfassung vollzogen wurde und durchaus von einem Staatsstreich gesprochen werden kann. Hierzu passt, dass der König wenige Stunden später im Starnberger See den Tod fand, einen Tod, dessen Umstände bis heute nicht gänzlich geklärt werden konnten und der auf die Regierenden bis zum Ende der Monarchie einen düsteren Schatten warf.

König Ludwig II. von Bayern

BAYERN ALS »DOPPELMONARCHIE«

Am 12. Dezember 1912 verstarb in München Prinzregent Luitpold und sein ältester Sohn, Prinz Ludwig, Rupprechts Vater wurde neuer Prinzregent, laut Max Spindler »ein kenntnisreicher, verbindlicher, etwas schwerfälliger, mehr aufs Praktische gerichteter Mann, dessen Interessen vor allem Fragen der wirtschaftlichen Entwicklung Bayerns und der Landwirtschaft galten.«
Einen Tag nach dem Tod des Prinzregenten war im Gesetz- und Verordnungsblatt zu lesen:

Das schwere Leiden, das unseren vielgeliebten Vetter, Seine Majestät König Otto, dauernd an der Ausübung der Regierung hindert …, besteht zu unserer und des ganzen Volkes Betrübnis unverändert fort. Die Bestimmungen der Verfassungs-Urkunde legen daher Uns als den nach der Erbfolge-Ord-

Prinzregent Luitpold von Bayern

König Otto I. von Bayern

Postkarte anlässlich der Thronbesteigung König Ludwigs III. von Bayern

nung nächstberufenen Agnaten die schwere Pflicht auf, die bestehende Reichsverwesung fortzusetzen.

Nach außen sah es also aus, als bleibe alles beim Alten, doch bereits im Sommer wurde vom Justizministerium ein Gutachten in Auftrag gegeben, das ein Ende der Regentschaft ausloten sollte und zum Schluss kam, dass die Regentschaft Ludwigs erst aufhört, »wenn der liebe Gott König Otto abruft«.
Jede Verfassungsänderung zu Gunsten einer früheren Übernahme der Königswürde hatte nach Aussage des Rechtsexperten Otto Gritschneder folgendes Dilemma:
Einerseits sollte der König nicht ein König von »Volkes Gnaden« sein, sondern kraft seines Rechts von »Gottes Gnaden«, andererseits konnte Ludwig Thron und Krone nicht ohne Zustimmung und Mitwirkung der Volksvertretung bekommen. Dabei bestimmte die Verfassung logisch und im richtigen Verständnis einer Monarchie, dass der Regent entweder bis zur Volljährigkeit des Königs oder bis zum Wegfall des Hindernisses, das den König an der Ausübung der Regierung hindert, im Amt bleibt. Dass noch zu Lebzeiten des Königs ein zweiter König proklamiert wird oder dass gar der Regent selbst sich zum König macht, kann in einer monarchischen Ordnung weder mit noch ohne Zustimmung des Landtags rechtens sein. Derlei sei, so Otto Gritschneder, eine Kriegserklärung an die Logik: »Monarchie« kommt aus dem griechischen »monos« und bedeutet »allein«, »archein« bedeutet »herrschen« und das heißt nun einmal »Alleinherrschaft«, zwei Monarchen nebeneinander wären keine Monarchen mehr.
Doch das sah Ludwig anders oder wollte es anders sehen und schon wenig später stimmte er einer äußerst fragwürdigen Verfassungsänderung zu, die ihm nun die Möglichkeit gab, sich selber, schon zu Lebzeiten Ottos, zum regierenden König zu proklamieren. Am 4. November 1913 unterschrieb er die Verfassungsergänzung und ließ verkünden:

Ludwig III., von Gottes Gnaden König von Bayern …
Bayerns Herrscherhaus und Volk empfinden seit mehr als 27 Jahren mit tiefer Betrübnis, dass Seine Majestät, König Otto durch schwere Krankheit an der Regierung gehindert sind. Die Art des Leidens, von dem unser vielgeliebter Herr Vetter seit vielen Jahren befallen ist, schließt jede Möglichkeit einer Besserung aus. Die ernste Sorge um das Wohl unseres Landes hat Uns zu

Extra-Blatt.

Bayerische Staatszeitung

Kgl. Bayerischer **Staatsanzeiger**

München, 5. Nov. 1913.

Ludwig III.,

von Gottes Gnaden König von Bayern, Pfalzgraf bei Rhein, Herzog von Bayern, Franken und in Schwaben usw. usw.

Bayerns Herrscherhaus und Volk empfinden seit mehr als 27 Jahren mit tiefer Betrübnis, daß Seine Majestät König Otto durch schwere Krankheit an der Regierung gehindert sind. Die Art des Leidens, von dem Unser vielgeliebter Herr Vetter seit vielen Jahrzehnten befallen ist, schließt jede Möglichkeit einer Besserung aus.

Die ernste Sorge um das Wohl des Landes hat Uns zu dem schweren Entschlusse bestimmt, auf Grund der Verfassung die Regentschaft für beendigt und den Thron als erledigt zu erklären. Hiermit ist die Thronfolge eröffnet und die Krone des Königreichs Bayern Uns als dem Nächstberufenen nach dem Rechte der Erstgeburt und der agnatisch-linealischen Erbfolge angefallen.

Wir haben daher als König die Regierung des Landes angetreten und von den Uns nach Gottes Gnade zukommenden Königlichen Rechten vollen Besitz ergriffen.

Den in der Verfassungsurkunde bestimmten Eid werden Wir in Gegenwart der Staatsminister, der Mitglieder des Staatsrats und der Abordnungen der beiden Kammern des Landtags alsbald leisten.

Von dem verfassungsmäßigen Rechte, die während der Reichsverwesung vollzogenen Besetzungen erledigter Ämter zu widerrufen, machen Wir keinen Gebrauch. Vielmehr verleihen Wir allen Ernennungen von Beamten während der Regentschaft hiermit Unsere Königliche Bestätigung, Wir verordnen, daß sämtliche Stellen und Behörden im Königreiche die amtlichen Bescheide von nun an in Unserem Königlichen Namen ausfertigen, und halten Uns gerne versichert, daß Unsere Beamten getreulich wie bisher ihre Aufgaben wahrnehmen werden.

Unserem Heere entbieten Wir Unseren Königlichen Gruß in der festen Überzeugung, daß es in unerschütterlicher Treue und erprobter Tapferkeit allzeit zu seinem obersten Kriegsherrn stehen wird.

Zu allen Angehörigen Unserer Erblande vertrauen Wir, daß sie Uns in unwandelbarer Treue anhängen und alle Pflichten gegen Uns als ihren rechtmäßig angestammten Landesherrn und von Gott gesetzten König erfüllen, wogegen Wir sie Unserer huldvollen Gesinnung versichern.

Das Bayerische Volk hat von jeher seinem Königshause, das mit ihm durch ein geheiligtes Treueverhältnis verbunden ist, hingebende Anhänglichkeit bewiesen. Wir erblicken darin eine sichere Gewähr, daß die Liebe des Volkes, die Wir als ein kostbares Kleinod von Unseren Vorfahren überkommen haben, auch fernerhin Unser Wirken geleiten werde, das auf das Wohl des geliebten Vaterlandes, auf sein Blühen und Gedeihen gerichtet ist.

In gläubigem Aufblick zu Gott, dessen gnädige Hand Bayern bisher geführt hat, erflehen Wir des Allmächtigen Segen und Beistand.

Gegeben in Unserer Haupt- und Residenzstadt
München, am 5. November 1913.

Ludwig.

Dr. Frhr. von Hertling, Dr. Frhr. von Soden-Fraunhofen, von Thelemann, von Breunig, von Seidlein, Dr. von Knilling, Frhr. von Kreß.

Auf allerhöchsten Befehl:
Der Ministerialrat im Kgl. Staatsministerium des Innern.
Knözinger

Extrablatt der Bayerischen Staatszeitung zur Thronbesteigung König Ludwig III. von Bayern

Titelblatt der Allgemeinen Rundschau mit dem neuen bayerischen Königspaar und dem Prinzen Rupprecht als künftigen Kronprinzen von Bayern

dem schweren Entschlusse bestimmt, auf Grund der Verfassung die Regent-
schaft für beendigt und den Thron als erledigt zu erklären. Hiermit ist die
Thronfolge eröffnet und die Krone des Königreiches Bayern Uns als dem
nächstberufenen nach dem Rechte der Erstgeburt und der agnatisch-lineali-
schen Erbfolge angefallen.
Wir haben die Regierung des Landes angetreten und von den Uns nach Got-
tes Gnade zukommenden königlichen Rechten vollen Besitz ergriffen …
Gegeben in Unserer Haupt- und Residenzstadt
München am 5. November 1913   *Ludwig*

Kronprinz Rupprecht mit seinen
Söhnen Albrecht und Erbprinz Luit-
pold nach dem Tod seiner Frau
Marie Gabriele am 24. Oktober
1912

Erst danach, wenn auch noch am selben Tag wurde diese Erklärung
vom Ministerrat dem Landtag mit dem Antrag vorgelegt:

Der Landtag wolle anerkennen, dass am 4. November 1913 die verfassungs-
mäßigen Voraussetzungen für die Beendigung der Regentschaft bestanden
haben.

Allein die sozialdemokratische Fraktion rügte die Verfassungswid-
rigkeit dieser Königsmacherei und gab öffentlich zu Protokoll:

Die Proklamation des Königs ist erfolgt, bevor der Landtag in der Lage war,
die verfassungsmäßigen Voraussetzungen für die Beendigung der Regent-
schaft zu prüfen …
Die sozialdemokratische Fraktion lehnt ihre Teilnahme an einer von ihr als
verfassungswidrig erkannten Aktion ab und wird … an der diese Vorgän-
ge sanktionierenden Abstimmung nicht teilnehmen.

Am 8. November 1913 leistete Ludwig, nunmehr als König, erneut
den Eid auf die Verfassung, die er soeben erst verletzt hatte. Nun
war natürlich die Frage offen, wie man es in Zukunft mit König Otto
zu halten hatte, dessen Person ja laut Verfassung »heilig und unver-
letzlich« war. Er war ja auch nicht ausdrücklich abgesetzt worden.
Somit hatte man in Bayern nun zwei Könige: einen geistig umnach-
teten in Fürstenried und einen gesunden in der Residenz in München. Wie zur Bestätigung dieses Widerspruchs erschien im Gesetz
und Verordnungsblatt eine von allen Ministern unterschriebene
»Königliche Entschließung« mit folgendem Wortlaut:

Wir tun kund und zu wissen, dass durch unsere Erklärung von heute,
wodurch wir die Regentschaft beendigt und die Regierung als König ange-
treten haben, der Titel und die Ehrenrechte Seiner Majestät des Königs Otto
nicht berührt worden sind.

Die bayerische Thronfolge nach
dem Tod des Prinzen Luitpold am
27. August 1914: König Ludwig III.,
Kronprinz Rupprecht und Erbprinz
Albrecht

Otto blieb also fortan sozusagen ein »König ehrenhalber«, wie Otto
Gritschneder es in einem Aufsatz »Doppelmonarchie Bayern« so
trefflich formulierte. König Otto starb am 11. Oktober 1916.

Über das eigentliche Motiv Ludwigs zu diesem Schritt ist viel spe-
kuliert worden. Die fast dreißigjährige Regentenzeit zu beenden war
sicherlich einer der Gründe, aber auch die »Zivilliste« dürfte nicht
ganz ohne Bedeutung gewesen sein: die Bezüge als König beliefen
sich auf das Zehnfache, was ihm als Regent zustand.

Diese beiden Ereignisse allerdings waren es wohl, die nach 1918 der
überzeugenden Haltung des Kronprinzen zu Grunde lagen, niemals
die Krone durch einen Staatsstreich an sich reißen zu wollen.

König Ludwig III. und Königin
Marie Therese von Bayern

Stürmische Zeiten

DER ERSTE WELTKRIEG

Mit der Ermordung des Thronfolgers Franz Ferdinand von Österreich und seiner Gemahlin in Sarajevo am 28. Juni 1914 brach das Unheil über Europa herein. Am Vorabend des 1. August 1914 erklärte Ludwig: »Niemand soll je sagen dürfen, Bayerns König habe auch nur einen Augenblick gezögert, die Treue zum Reich durch die Tat zu beweisen.«

In seinem Patriotismus gegenüber Preußen dachte er gar nicht daran, als Vorsitzender des Auswärtigen Ausschusses in den Entscheidungsablauf in Berlin einzugreifen. Er glaubte an den Sieg und träumte von einem siegreichen Bayern an Preußens Seite und vor allem träumte er von einer bayerischen Gebietserweiterung im Westen, von einem Anschluss des Elsass an die Pfalz.

»Unsere Truppen brennen darauf, sich zu schlagen«, schrieb Kronprinz Rupprecht von Bayern am 9. August in sein Tagebuch, als er

Der Kronprinz als Feldherr im Ersten Weltkrieg

Des Königs Dank!

Ich bin stolz, daß Mein Sohn an der
Spitze seiner tapferen Truppen so
schöne Erfolge errungen hat, das war
aber erst der Anfang; wir haben noch
schwere Kämpfe vor uns. Ich vertraue
der Tüchtigkeit des deutschen Heeres,
daß es auch diese überwinden wird,
mögen auch der Feinde noch so viele sein.

*Propaganda-Postkarte von 1916 des
auf Siegeszuversicht und Durchhal-
ten setzenden König Ludwig III. von
Bayern*

das Oberkommando der 6. Armee übernahm. Er war in der Früh in
Saint Avold, einer kleinen Stadt unweit von Metz eingetroffen,
nachdem er am Vorabend in München von seinem Vater Ludwig III.
verabschiedet wurde, mit dem Wunsch, die »mobilgemachten Ver-
bände der bayerischen Armee geschlossen einzusetzen«.

Drei aktive Armeekorps und das erste Reservekorps mit zusammen
acht Infanteriedivisionen, einer Kavalleriedivision und Landwehr-
brigaden bildeten die bayerische Feldarmee. Die insgesamt 279 589
Mann stellten sich als Bollwerk gegen die Franzosen, um sie an
einem Vormarsch über Lothringen und die Pfalz an den Rhein zu
hindern. Ganz besonders aber sollten sie die tiefe Flanke der fünf
Armeen schützen, die durch Luxemburg und Belgien tief nach
Nordfrankreich hineinmarschierten, Paris umfassen und den Krieg
im Westen binnen weniger Monate beenden sollten. Es kam zu ersten Gefechten, die zwar als Siege gefeiert werden konnten, die aber
durch einen allzu besessenen Kampfgeist und zu wenig Erfahrung
der unteren Führung mit zu viel Blut bezahlt werden mussten. Diesem ungestümen Vorgehen folgte ein Rückzug, durch den man die
Franzosen hinter sich herlocken wollte, doch die Franzosen tapp-
ten nicht in diese Falle. Es folgte ein erneuter Vormarsch auf breiter
Front zur großen »Schlacht in Lothringen«, die die Bayern bis vor
die unbezwingbare Festungsfront Nancy-Epinal brachten. Mehr als
10 000 Franzosen wurden gefangen genommen, in ganz Bayern
wehten die Siegesfahnen.

Doch Kronprinz Rupprecht, der nach seiner Ernennung zum Generalfeldmarschall 1916 die neu errichtete und nach ihm ernannte
Heeresgruppe »Kronprinz Rupprecht« übernahm, ließ sich durch
solche Siege nicht blenden und stand in seiner Einschätzung der
Kriegslage häufig im Gegensatz zur Obersten Heeresleitung. Keiner
wusste besser als er, dass die Armee eigentlich an falscher Stelle
kämpfte und so notierte er in sein Tagebuch, dass wohl die Obers-
te Heeresleitung die Nerven verloren habe und General von Molt-
ke ihm den Eindruck eines gebrochenen, kranken Mannes mache.
Seinen Vater, König Ludwig III., mit dem er während des gesamten
Feldzugs einen regen Briefwechsel führte, versuchte er 1916 davon
zu überzeugen, dass dieser Krieg nur zu gewinnen sei, wenn mit
Russland ein Sonderfrieden geschlossen würde. Doch König Ludwig III. interessierte sich nicht für die Meinung seines im Feld stehenden Sohnes und ließ sich in seinen Entscheidungen nicht beein-
flussen. Er setzte weiter auf Kaiser Wilhelm und dessen Politik der

Siegeszuversicht und des Durchhaltens. Er träumte weiter von »einem direkten deutschen Ausgang vom Rhein zum Meer«. Rupp-
recht aber wusste, wovon er sprach, er stand im Feld, er kannte die
aussichtslose Lage der Armee und er kannte die Leiden der Soldaten. Er sollte Recht behalten. Nachdem die Schlacht vor Paris an der
Marne verloren gegangen war und Rupprechts 6. Armee beim
Marsch Richtung Atlantik von Lothringen an die Somme und nach
Flandern verlegt worden war, wurden die Bayern in den folgenden
Jahren des Krieges immer mehr zu einer Art »Feuerwehr« an allen
Brennpunkten dieses nicht mehr zu gewinnenden Krieges. In seinem veröffentlichten Kriegstagebuch übt Kronprinz Rupprecht
offen Kritik an zahlreichen Maßnahmen der Obersten Heeresleitung und bekundete massives Unverständnis gegenüber politischen
Fehlentscheidungen. Intensiv bemühte er sich für eine Autonomie
der Reichslande und trat für einen annexionslosen Frieden ein,
womit er im Gegensatz zu Ludendorff stand, mit dem er alle Beziehungen abbrach. Doch alles Beknien seines Vaters, doch endlich
beim Kaiser zu Gunsten eines Friedens zu intervenieren, half nichts
und am Ende stand die Kapitulation, die dann das Ende der Monarchie einleiten sollte.

Hätte man während des Krieges auf Kronprinz Rupprecht gehört,
vielleicht wäre Deutschland Versailles und anschließend viel Leid
erspart geblieben. Doch Kronprinz Rupprecht war Generalfeldmarschall in diesem unseligen Krieg und somit wurde auch er mitver-

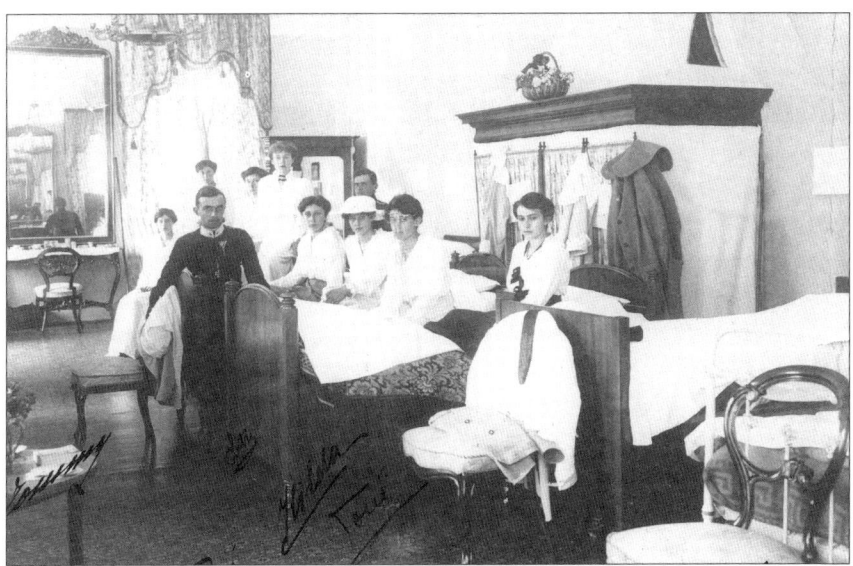

*Juli 1916, luxemburgische und öster-
reichische Fürstenkinder in ihrer
»Kaserne« auf Schloss Kreuth in
Bayern, mit dabei die Prinzessinnen
Charlotte, Hilda und Antonia von
Luxemburg sowie die Prinzen René
und Felix von Bourbon-Parma*

antwortlich gemacht für viele Entscheidungen und Tote. Aber dennoch brauchte er nicht zu fliehen, er konnte sich seiner Verantwortung stellen, die er nach dem Waffenstillstand übernahm, indem er sich dem Bayerischen Staatsgerichtshof zur Verfügung stellte, 1919 auch der Entente. Doch von beiden Angeboten wurde kein Gebrauch gemacht, denn alle, die ihn kannten und seine Handlungsweise zu beurteilen hatten, wussten, dass nicht er der »Kriegstreiber« war, als den ihn manche später beschimpften, sondern wenn überhaupt einer, dann doch eher sein starrsinniger und uneinsichtiger Vater, der bis zuletzt an einen Sieg geglaubt und mit dieser Haltung, wie so oft in seinem Leben, mit seinem Urteil gelegentlich an der Realität vorbei regierte.

ANTONIAS HEIMAT LUXEMBURG IM ERSTEN WELTKRIEG

»Die Notwendigkeit macht das Gesetz: Ehre oder Leben!« Um Belgien anzugreifen ist Deutschland gezwungen, Luxemburg mit Füßen zu treten. Propaganda-Postkarte gegen die Verletzung der Neutralität des Großherzogtums Luxemburg durch deutsche Truppen im Ersten Weltkrieg

Auch in Luxemburg marschierten deutsche Truppen ein. Die Großherzogin protestierte beim Kaiser, die luxemburgische Regierung beim Reichskanzler – doch ohne Erfolg. Ganze zwei Wochen dauerte der Truppendurchmarsch. Der deutsche Generalstab richtete in Luxemburg eine Militär-Kommandatur ein, die über den Köpfen der Großherzogin und der Kammer waltete. Dieses Militärkommando ließ mehrere Luxemburger verhaften, die dann in Deutschland zu Zwangsarbeit und sogar zum Tode verurteilt wurden. Nur durch die erneute massive Intervention der Großherzogin gelang es, die Todesurteile in Festungshaft umzuwandeln. Um die Not der Soldaten zu lindern, richtete die Großherzogin im Hofmarschallamt ein Lazarett ein, wo sie zusammen mit ihrer Mutter, Prinzessin Antonia und den anderen Schwestern sowohl deutsche als auch französische Verwundete pflegte.

Große Aufregungen brachte das Kriegsjahr 1915 für Schloss Hohenburg: Im Herbst erging an die Verwaltung die Meldung, dass alle gebrauchten und ungebrauchten Gegenstände aus Kupfer, Messing und Reinnickel zu beschlagnahmen und abzuliefern seien. Die Schlossverwaltung protestierte aufs heftigste mit dem Hinweis, dass die sich im großherzoglichen Schlosse befindlichen Kupfer und Messinggegenstände

Ihrer Königlichen Hoheit der Frau Großherzogin von Luxemburg, der Souveränin eines neutralen Staates

gehörten und einer Beschlagnahmung nicht unterstellt werden könnten, ohne das Prinzip der Neutralität zu verletzen. Doch das Bezirksamt Tölz bestand auf der Herausgabe. Erst eine Intervention der Kaiserlichen Deutschen Gesandtschaft bewirkte, dass die Königlich Bayerische Regierung in München die nötige Weisung erteilte, wonach

die Ihrer Königlichen Hoheit der Großherzogin von Luxemburg gehörigen Metallgegenstände auf deren in Bayern gelegenen Besitzungen von der Beschlagnahme für den Heeresbedarf befreit bleiben.

Da durch die Kriegseinwirkungen die finanzielle Lage der Angestellten auf Schloss Hohenburg immer prekärer wurde, beschloss Großherzogin Marie-Adelheid allen eine Teuerungszulage von hundert Mark zu bewilligen, der Bierpreis wurde auf 24 Pfennig pro Liter »Kriegsbier« festgesetzt, zwei Pfennig unter dem Preis im normalen Ausschank.

Auch in Luxemburg griff die Armut um sich, was immer öfter zu Diebstählen führte. Um die Lage in den Griff zu kriegen, wurden durch Großherzoglichen Beschluss Bürgerwehren eingesetzt. Zudem häuften sich belgische Annexionsgerüchte, die von den Luxemburgern mit patriotischen Kundgebungen beantwortet wurden.

Die Luxemburger Prinzessinnen Antonia, Charlotte und Hilda um 1917

VERLOBUNG IN BAYERN

Mitten in diesen Kriegswirren bahnte sich im Frühjahr des Jahres 1918 in Hohenburg eine Herzensverbindung an. Kronprinz Rupprecht von Bayern, seit 1912 verwitwet und Vater seines nunmehr dreizehnjährigen Sohnes, hatte sich entschlossen, noch einmal zu heiraten. Seine Auserwählte war die junge Prinzessin Antonia von Luxemburg. In Verwandtenkreisen beider Häuser schüttelte man ob dieser Entscheidung ein wenig den Kopf: Konnte eine Verbindung zwischen dem 30 Jahre älteren Mann mit einem blutjungen, unerfahrenen Mädchen gut gehen? Außerdem brachte Kronprinz Rupprecht seinen Sohn mit in diese Ehe, der den Verlust seiner Geschwister und den frühen Tod seiner Mutter immer noch nicht ganz überwunden hatte. Doch trotz des großen Altersunterschiedes waren sich beide über ihre großen Gefühle völlig im Klaren und mit dem Argument: »ich liebe ihn mehr als mein Leben« hatte Antonia die Zustimmung ihrer Mutter erhalten, wobei man ehrlicherweise zuge-

*Kronprinz Rupprecht und Prinzessin
Antonia zur Zeit ihrer Verlobung*

ben muss, dass sie, die ebenfalls bereits mit 13 Jahren ihren Vater
verloren hatte, zu diesem Zeitpunkt in Kronprinz Rupprecht wohl
eher einen Vater denn einen Ehemann sah. Rupprecht jedenfalls
gestand einigen Freunden, er sei glücklich wie ein verliebter Stu-
dent, was in diesen verhängnisvollen Tagen sicherlich dazu beitrug,
seine Moral ein wenig aufzurichten.

Für Kronprinz Rupprecht war Prinzessin Antonia im Übrigen keine
Fremde, sondern mit ihm sogar verwandtschaftlich verbunden. Ihre
Mutter Maria-Anna war als geborene Prinzessin von Portugal aus
dem Hause Braganza die Schwester der ersten Schwiegermutter des
Kronprinzen. Infolge dieser verwandtschaftlichen Beziehungen
hatten sich das bayerische Kronprinzenpaar und die »Luxemburger«
oft gegenseitig besucht, zumal die beiden Familien im Sommer
Nachbarn waren. Der Kronprinz weilte in Kreuth oder am Tegernsee, während sich die Luxemburger in Hohenburg, sozusagen um
die Ecke aufhielten. So geschah es oft, dass der bayerische Thronfolger mit seiner kleinen, 30 Jahre jüngeren Schwägerin-Base manch
fröhlichen Schabernack trieb und die kleine Prinzessin den hoch
gewachsenen, immer gütig blickenden Mann schon früh ins Herz
geschlossen hatte. Allerdings hätte wohl kaum einer geahnt, dass
diese kleine, fröhliche Antonia mit ihren graugrünen Augen und
ihrer kecken Kinderstimme einmal die Nachfolgerin ihrer um
21 Jahre älteren, stets ernstblickenden Cousine Maria-Gabriele werden würde. Nachdenklich meinte sie hierzu später einmal:

*Offizielle Postkarte zur Verlobung
am 20. Februar 1918*

*»Gott segnet dich, O Bayerland!
Die Jungfrau gibt dir Gott zum
Pfand:
Michael, und dein heiligs Heer
Beschützen dich: wen fürchst du
mehr!«
Propaganda-Postkarte auf das von
Papst Benedikt XV. eingesetzte
Patrona-Bavariae-Fest als Schutz
Bayerns und des bayerischen Heeres*

*Sie hätte sich aber bestimmt darüber gefreut, denn diese herrliche Frau war
mir immer sehr zugetan, und hoffentlich enttäusche ich nun Rupprecht als
ihre Nachfolgerin nicht!*

Verlobt hatte sich das Paar am 20. Februar 1918, dem Tag der goldenen Hochzeit der Eltern des Kronprinzen, König Ludwigs und
Königin Marie Therese. Nachdem der Kronprinz in den ganzen
schweren Kriegsjahren nur einmal acht Tage Urlaub genommen
hatte, war auch in der Presse gemunkelt worden, dass der verlänger-
te Aufenthalt des Kronprinzen in München wohl nicht bloß für
einen darzubringenden Glückwunsch zur goldenen Hochzeit an
seine Eltern vorgesehen sein konnte. Anlässlich der Hoftafel zu seinem Namensfeste bestätigte der König dann diese Vermutung,
indem er die Verlobung seiner Königlichen Hoheit Kronprinz
Rupprecht von Bayern mit Ihrer Großherzoglichen Hoheit Prinzessin Antonia von Luxemburg bekannt gab. Dieselben Worte, mit
denen Staatsminister von Crailsheim seinerzeit die erste Trauung
des Prinzen Rupprecht am 10. Juli 1900 kommentierte, ließen sich
von der neuen Wahl des Kronprinzen auch diesmal sagen:

*Nicht Politik und Konvenienz – haben die Wahl bestimmt, die in dieser
Stunde besiegelt werden soll. Sie ist die Frucht eines gereiften Geistes und
einer tiefen Herzensneigung, die in der Gleichheit der edlen Art die Gewähr-
schaft ihrer Dauer erblickt.*

Adolph von Hildebrand, ein getreuer Freund des Kronprinzen, gra-
tulierte in einem Schreiben am 27. August 1918 in seiner kurzen und
doch immer feinfühlig liebenswürdigen Art mit den Worten:

*Da ich kürzlich bei der Frau Herzogin die königlich junge Braut kennen zu
lernen die Überraschung hatte und einen sehr lebhaften Eindruck mit nach
Hause brachte, müssen Kgl. Hoheit es sich schon gefallen lassen, wenn ich
ganz besonders gratuliere, in großer Freude.*

Worte, die den Kronprinzen erfreuten, und so antwortete er einige
Zeit später:

*Erst jetzt komme ich dazu, Ihnen für Ihre so freundlichen Glückwünsche zu
danken. Ich hoffte dies noch mündlich nach Ihrer Rückkunft nach München
tun zu können, musste aber wegen der Ereignisse an der Front meinen
Urlaub vorzeitig abbrechen. Sie werden wohl etwas überrascht von der
Nachricht meiner Verlobung gewesen sein. Die Sache kam auch ziemlich*

plötzlich, und ich glaube so am besten einen Wunsch meiner lieben verstorbenen, unvergesslichen Frau zu erfüllen, die mir kurz vor ihrem Hinscheiden nahe legte, dass ich im Falle ihres Todes wieder heiraten sollte.

In seiner jungen Verlobten sah Kronprinz Rupprecht wohl wieder verjüngt entstehen, das ihm mit Marie-Gabriele, durch Krankheit getrübt und durch den Tod nach zwölf Jahren entrissen, beschieden war. Ähnliche Vorzüge, wie sie einst schon Marie-Gabriele besaß, waren es, die den bayerischen Kronprinzen nun an die luxemburgische Prinzessin gefesselt hatten. Auch sie war ein Abkömmling der Braganza und im Besitz der sprichwörtlich gewordenen Schönheit dieses Geschlechts, ungezwungene Natürlichkeit, Freude an allen körperlichen Übungen zeichnete auch sie aus, vor allem die Liebe zur Kunst hat im Kronprinzen Rupprecht verwandte und noch nicht verklungene Saiten tönen lassen, so Dr. Otto Kolshorn.
Am 7. November 1918 kam es in Deutschland zum politischen Umsturz, von dem auch Luxemburg nicht verschont blieb.

LUXEMBURG IM STURM DER ZEIT

Als in Europa die Fürsten fielen, wurde auch in Luxemburg der Ruf nach einer freien Republik immer lauter und die Abdankung der Großherzogin gefordert. Ein Referendum sollte die dynastische Frage nach der Unterzeichnung des Waffenstillstands im November

Aufstand der Luxemburger kurz vor der Erstürmung der Abgeordneten-Kammer und des großherzoglichen Palais am 13. August 1919

klären. Großherzogin Marie-Adelheid billigte diese Handlungsweise der Regierung. Doch Frankreich bestand auf ihrer Abdankung und erwog sogar die Annexion des Landes. Am 30. Dezember versammelte sich ein Kronrat bei der Großherzogin. Den Regierungen der Verbündeten und Nordamerikas wurde Folgendes mitgeteilt:

Die Großherzoglich-Luxemburgische Regierung hat die Verträge mit Deutschland über die Zollgemeinschaft und die Eisenbahnen gekündigt. Die Regierung wünscht mit den Verbandsmächten Verhandlungen wegen einer neuen wirtschaftlichen Annäherung zu knüpfen. Sie stellt die Unabhängigkeit des Großherzogtums unter den hohen Schutz der Mächte.

In diesen Tagen kam es zu schwer wiegenden Konflikten zwischen Krone und Parlament, man warf der Großherzogin Einmischung in die Regierungsgeschäfte des Parlaments und während des Krieges eine zu deutschfreundliche Haltung vor. Nach nur siebenjähriger Regierungszeit dankte sie am 9. Januar 1919 zu Gunsten ihrer Schwester Charlotte ab und zog sich in den Karmel von Modena zurück. Am 15. Januar 1919, sechs Tage nach der Abdankung von Großherzogin Marie-Adelheid, wurde Prinzessin Antonias Schwester Char-

Großherzogin Marie-Adelheid (links) dankt am 9. Januar 1919 ab. Ihre Schwester Charlotte (rechts) übernimmt sechs Tage später, am 15. Januar 1919, den Luxemburger Thron

Königin Marie Therese und König Ludwig III. von Bayern

lotte als neue Großherzogin von Luxemburg vereidigt. Die Lage des Großherzogtums hatte sich beruhigt und am 28. September entschied sich die Bevölkerung mit einer beeindruckenden Mehrheit von 80% aller abgegebenen Stimmen für den Fortbestand der Monarchie. Noch im selben Jahr, am 6. November heiratete Großherzogin Charlotte in Luxemburg den Prinzen Felix von Bourbon-Parma und am 5. Januar 1921 wurde der Thronfolger Prinz Jean geboren, ihm folgten 1922 Prinzessin Elisabeth, 1924 Prinzessin Marie-Adelheid und 1925 Marie-Gabriele. 1927 kam ein zweiter Sohn, Prinz Charles zur Welt, gefolgt 1929 von Prinzessin Alix.

DER UMSTURZ IN BAYERN

In Bayern war in den Kriegsjahren die Stimmung umgeschlagen. Durch die Kriegsbewirtschaftung, deren Zentralstellen sich alle in Berlin befanden, breitete sich eine Zentralisierung rasend schnell aus. Am meisten spürte der Mittelstand diese Last des Krieges, aber auch das Bürgertum wurde zunehmend antimonarchistisch und in der Bauernschaft gärte es. Die Schuld hierfür gab man immer mehr

dem König als der Regierung. Auch hatte man nicht vergessen, auf welche Art er sich die Krone nahm und so ist es kein Wunder, dass es ausgerechnet Ludwig III. war, der als Erster der deutschen Fürsten am 7. November 1918 gestürzt wurde.

Nach der Kapitulation war in den Regierungskreisen eine allgemeine Lähmung eingetreten, voller Siegesgewissheit hatte wohl niemand an eine Niederlage zu denken gewagt und so folgte erst einmal allgemeines Schweigen, ein Vakuum, das die Gegner der Monarchie nutzten, um sich zu formieren. Nach einer Großkundgebung auf der Theresienwiese zog Kurt Eisner mit etwa zweitausend Mann zum Landtag und einige Stunden später war der König abgesetzt. Dieser machte, wie an jedem Tag, auch an diesem seinen Spaziergang durch den Englischen Garten, als er von der Kundgebung und dem Marsch auf die Innenstadt unterrichtet wurde. Hastig begab er sich in die Residenz, von wo aus er mit seiner Familie überstürzt die Flucht antrat.

8. November 1918: König Ludwig III. und die Königin verlassen fluchtartig die Residenz und die Revolution vertreibt des Bayern Königs Leibgarde, historische Medaille von Karl Götz auf das Ende der Monarchie in Bayern

Drei Tage später erreichten die Nachrichten über die Vorfälle in München auch den Kronprinzen. Es bestand kein Zweifel mehr, dass die Staatsgewalt an die Revolutionsregierung übergegangen war. Den kommandierenden Generalen der bayerischen Armeekorps und den Kommandeuren der bayerischen Divisionen ließ der Kronprinz eine persönliche Erklärung zukommen mit der Aufforderung, diese mit den Offizierskorps der Truppen zu besprechen und den Mannschaften zur Kenntnis zu bringen:

Seine Majestät der König von Bayern ist an der freien Erklärung seines Willens behindert. In meiner Eigenschaft als Kronprinz lege ich Verwahrung ein gegen die politische Umwälzung, die ohne Mitwirkung der gesetzgebenden Gewalten und der Gesamtheit der bayerischen Staatsbürger in Heer und Heimat von einer Minderheit ins Werk gesetzt wurde.

Das bayerische Volk und das seit Hunderten von Jahren mit ihm verbundene Fürstenhaus haben das Recht, zu verlangen, dass über die Staatsform durch eine verfassungsgebende Nationalversammlung entschieden wird, die aus freien und allgemeinen Wahlen hervorgeht. Dass den heimkehrenden Soldaten die Möglichkeit eröffnet wird, ihre Stimme abzugeben, ist eine selbstverständliche Forderung. Die bayerischen Soldaten werden dann im Einvernehmen mit den bayerischen Staatsbürgern in der Heimat zu entscheiden haben, wie sie sich zur Frage weiterer Zusammenarbeit mit ihrem Fürstenhause stellen wollen.

Haupt-Quartier, den 10. November 1918
Rupprecht Kronprinz von Bayern

Kurt Sendtner vermerkt in seiner Biografie des Kronprinzen, dass aus dieser Protesterklärung einerseits ein Fürst spricht, der zu nobel ist, um eine Klage oder einen Vorwurf gegen ein verirrtes und verwirrtes Volk zu richten, andererseits ein nüchterner Realist, der die Konsequenzen aus den gegebenen Tatsachen zieht: Jetzt liegt es am Bayernvolk selbst, über seine künftige Staatsform frei und demokratisch zu entscheiden.

Mit der Unterzeichnung des Waffenstillstands legte einen Tag später der Kronprinz das Kommando über seine Truppen nieder.

Am 12. November entband König Ludwig III. von Schloss Anif in Österreich aus seine Beamten und Offiziere von ihrem Treue-Eid, auf den Thron allerdings verzichtete er nicht. Am 13. November konnte die Bevölkerung nachfolgende Erklärung in der Presse lesen:

Der Münchner Stachus nach den Straßenkämpfen vom 1. bis 3. Mai 1919

Zeit meines Lebens habe ich mit dem Volk und für das Volk gearbeitet. Die Sorge für das Wohl meines geliebten Bayern war stets mein höchstes Streben. Nachdem ich infolge der Ereignisse der letzten Tage nicht mehr in der Lage bin, die Regierung weiterzuführen, stelle ich allen Beamten, Offizieren und Soldaten die Weiterarbeit unter den gegebenen Verhältnissen frei und entbinde sie des mir geleisteten Treue-Eides.
Anif, den 13. November 1918   *Ludwig*

Auf diese Erklärung wurde folgende Antwort erteilt:

Der Ministerrat des Volksstaates Bayern nimmt den Thronverzicht Ludwigs III. zur Kenntnis. Es steht dem ehemaligen König und seiner Familie nichts im Wege, sich wie jeder andere Staatsbürger frei und unangetastet in Bayern zu bewegen, sofern er und seine Angehörigen sich verbürgen, nichts gegen den Bestand des Volksstaates zu unternehmen.
Der Ministerrat des Volksstaates Bayern Kurt Eisner, Auer, v. Fraundorfer, Jaffé, Roßhaupter, Timm, Unterleitner.

Das Freikorps »Werdenfals« in München im Mai 1919

Damit wertete der Ministerrat des neu ausgerufenen Volksstaates die Erklärung des Königs als Thronverzicht, was aber nicht gelten konnte, da eine solche niemals unterzeichnet worden war. Seit der Reichsgründung hatten sich Bayerns Herrscher damit begnügt, ihren Staat im Schatten des Reiches zu verwalten und waren froh, in wirklich wichtigen Fragen des Reiches nicht mehr entscheiden zu müssen. So schwand ihre Macht und löste sich auf, bis es im November 1918 zum Offenbarungseid kam. Am Ende passt Goethes bitterer Spruch:

Festgenommene Aufständische vor der Münchner Residenz

*Schloss Wildenwarth im Chiemgau,
hier verbrachte König Ludwig III.
seine letzten Jahre*

»Warum denn wie mit einem Besen,
Wird so ein König hinausgekehrt?
Wären's Könige gewesen,
Sie stünden alle noch unversehrt.«

DIE RÄTEREPUBLIK

Dem Sturz der Monarchie und der damit verbundenen eigentlich friedlichen Revolution sollte aber noch eine blutige folgen. Über die Jahreswende herrschte extreme Nervosität in München. Am 5. Januar verabschiedete die Koalitionsregierung von SPD und USPD unter Ministerpräsident Kurt Eisner ein neues, vorläufiges Staatsgrundgesetz mit der ersatzlosen Streichung aller Adelsprivilegien. Eine Woche später musste die USPD unter Kurt Eisner bei der ersten nachrevolutionären Landtagswahl eine schwere Niederlage hinnehmen. Auf dem Weg zum Parlamentsgebäude, wo er als Ministerpräsident seinen Rücktritt erklären wollte, wurde er am 21. Februar 1919 vom jungen Grafen Anton von Arco erschossen. Am 7. April rief der nach der Ermordung von Kurt Eisner gebildete Zentralrat und der Revolutionäre Arbeiterrat die bayerische Räterepublik aus, der Landtag wurde aufgelöst und eine rote Armee gebildet. Was folgte war ein Terrorregime, das viele Opfer forderte und dem in den ersten Maitagen die so genannte »Weiße Garde« aus bayerischen, preußischen und württembergischen Regierungstruppen, unterstützt von verschiedenen Freikorps, ein blutiges Ende setzte.

»EIN BETTELFÜRST OHNE LAND«

Kronprinz Rupprecht befand sich nach der November-Revolution noch an der zusammengebrochenen und durch den Waffenstillstand erstarrten Westfront. Unter abenteuerlichen Umständen und mit falschen Papieren als »Kartoffelaufkäufer« getarnt, kehrte er nach München zurück, um seinen Eltern nachzureisen. Nun stand er dem ganzen Chaos des zusammengebrochenen Staatsgefüges gegenüber und sah sich selber als einen »Bettelfürsten ohne Land«, wie er bitter bemerkte. Um das blühende Leben der jungen Prinzessin Antonia nicht mit seiner unsicheren Existenz zu gefährden und vermutlich auch hinsichtlich der problematischen Situation des großherzoglichen Hauses in Luxemburg, entschloss er sich schweren Herzens, die Verlobung wieder zu lösen. Aufs Tiefste erschüttert schrieb die Prinzessin in ihr Tagebuch:

... aus der Heirat wird nun nichts, die Wirren der Nachkriegszeit sind über uns hinweggestürzt und haben alle schönen Pläne zunichte gemacht; wie töricht, wenn Männer glauben, dass wir sie nur wegen ihrer glänzenden Epauletten lieben!

Nach der Trennung von Rupprecht zog sie sich nach Hohenburg zurück. Laut einer Freundin sah sie vor lauter Tränen die Welt nur noch durch einen grauen Schleier und ihre Nächte wurden ihr zu einer einzigen Qual. Schließlich versuchte sie durch die weitere musikalische Ausbildung eine Ablenkung von ihrem Kummer zu finden. Sie wurde zu einer wahren Musterschülerin des Pianisten Professor August Schmid-Lindner an der Musik-Akademie in München.

Voller Trauer über die Entlobung gibt sich Prinzessin Antonia ganz der Musik hin

Auch der Kronprinz litt unter der selbstgewollten Entlobung mehr, als er nach außen zeigen wollte. Monatelang irrte er in den bayerischen Alpen, in Österreich und bei Verwandten umher und kam sich laut eigener Aussage ziemlich entwurzelt vor. Auf die Dauer konnte er jedoch dieses Nomadenleben nicht mehr ertragen und so ließ er sich in Berchtesgaden nieder. Hier suchte er Ablenkung und Trost in schriftstellerischer Tätigkeit, so unter anderem in der Bearbeitung seiner Reiseerinnerungen aus Indien, um diese seine Tagebuchaufzeichnungen einem öffentlichen Leserkreis zugänglich zu machen.

Großherzogin Maria-Anna von Luxemburg mit ihren Töchtern Marie-Adelheid, Charlotte, Hilda, Antonia, Elisabeth und Sophie

Reiseerinnerungen aus Indien und Ostasien von Kronprinz Rupprecht von Bayern

Diese Aufzeichnungen, so schrieb er, *stammen aus glücklicheren Tagen, da die Welt uns Deutschen noch offen stand, und sie mögen deshalb vielleicht bei der jüngeren Generation Interesse finden.*

Das Vorwort beendete er mit einigen Verse aus dem mehr als tausend Jahre alten indischen Heldengedicht »Rajana«:

>»Wer furchtsam ohne Kräfte ist,
>der füge sich in sein Geschick.
>Ein Held, der Mut im Herzen fühlt,
>der kümmert sich ums Schicksal nicht.
>Wer tüchtig ist, mit eigner Kraft,
>das Schicksal zu bewältigen,
>der ist ein Mann und schmachtet nie,
>vom Schicksal seines Glücks beraubt.«

Und von eigener Feder fügte er den Versen hinzu: »Trotz ihres Alters klingen sie dennoch, als wären sie just für die jetzige Zeit geschrieben!«
Wenn Rupprecht glaubte, Antonia für immer verloren zu haben, so gab diese die Hoffnung nicht auf, dass ihr Herzenswunsch doch noch in Erfüllung gehen könnte. Deshalb auch blieb sie unbeirrbar in München im Hause ihrer Tante, der Herzogin Karl-Theodor oder in Lenggries, obwohl ihr in Luxemburg manche Entbehrungen der damaligen Nachkriegsnot erspart geblieben wären.

EINE TRAUUNG »PER PROCURATIONEM«

Nicht nur Prinzessin Antonia, auch ihre Schwester Charlotte musste um ihre Liebe bangen. Der abenteuerliche Weg ihrer Trauung belegt die Probleme, die sich für Fürstenkinder ergeben, wenn ihre Völker sich von Krieg und Hass zermürbt gegenüber stehen.
Die Mutter von Großherzogin Charlotte, Maria-Anna, war eine geborene Prinzessin von Braganza und die Schwester von Herzogin Maria-Josepha, Herzogin Karl-Theodor in Bayern. Auch war sie die Schwester von Maria-Antonia, Herzogin Robert von Parma, die Taufpatin von Prinzessin Antonia von Luxemburg war. Durch diese Familienbande war es klar, dass sich die Kinder der Braganza-Prinzessinnen kannten, verbrachten sie doch viele Stunden am Tegern-

Kaiser Karl und Kaiserin Zitha von Österreich, zusammen mit Zithas Bruder Felix von Bourbon-Parma und seiner Verlobten, Großherzogin Charlotte von Luxemburg

see, unweit des Luxemburger Schlosses Hohenburg, im Kreise der Familie von Herzog Karl-Theodor. Auch während des Krieges trafen sich die Parma-Geschwister mit den Bayern und Luxemburgern in Kreuth, das sie scherzeshalber ihre »Kaserne« nannten. Bei einer solchen Gelegenheit müssen wohl die Herzen von Prinzessin Charlotte und Prinz Felix entflammt sein, jedenfalls stand für die beiden fest, dass sie nach dem Ende des Krieges heiraten wollten. Doch Felix war auch der Bruder von Kaiserin Zita und stand somit wie Kronprinz Rupprecht auf der Gegenseite, was nach der Kapitulation dazu führte, dass Prinz Felix eine Einreise in Luxemburg verweigert wurde. Die Möglichkeit für die seit dem 9. Januar regierende Großherzogin Charlotte, einfach nach Österreich zu reisen und ihren Prinzen zu heiraten, gab es nicht, allzu groß war die Gefahr weiterer Verwirrungen in Luxemburg. Auch war das Schicksal der Familie von Kaiserin Zita mehr als ungewiss, hatten sich ihre Brüder doch mit ihrem Friedens-Einsatz international für starke politische Auseinandersetzungen gesorgt. Als Prinzgemahl der Luxemburger Regentin allerdings wäre zumindest Prinz Felix einigermaßen in Sicherheit gewesen. Wie aber sollte eine Trauung unter solchen Umständen möglich sein? Die katholische Kirche wusste Rat. In einer Trauung per procurationem konnte das Problem gelöst werden. Im Nachlass von Pater Coelestin Schwaighofer (1863–1934) fanden sich Aufzeichnungen, in denen er dieses Ereignis vom März 1919 unter dem Titel »Eine Hochzeit« für die Nachwelt überliefert hat:

Großherzogin Charlotte mit ihrem Verlobten Prinz Felix von Bourbon-Parma

Eines Tages schon ziemlich spät abends wurde ich in Zizers plötzlich an das etwas entfernte in einem Gutshaus befindliche Telefon gerufen. An demselben war Prinz Felix von Bourbon-Parma und sagte: »Sie müssen mit dem allerersten Zug nach Rorschach reisen, dort werden Sie von unserem Wagen abgeholt. Ich bitte Sie nüchtern zu bleiben und zu zelebrieren; denn wir haben Wichtiges zu besprechen.«

So ungelegen mir der Auftrag kam, konnte ich ihn natürlich nicht abweisen, reiste – es waren nach dem Krieg schlechte Zugverbindungen – ca. morgens 6 Uhr ab und kam um 10 Uhr am Bahnhof in Rorschach an. Dort wartete der Wagen und in demselben fand ich Prinz Felix. Derselbe sagte mir: »Sie müssen uns heute einen großen Dienst erweisen«, und sofort setzte sich der Wagen in Bewegung und fuhr nach dem nahen Schloss Wartegg, wo zu jener Zeit der Exilaufenthalt des Kaisers Karl und seiner Angehörigen war. Auf dem Weg sagte er mir: »Sie müssen mich per procurationem mit der Großherzogin von Luxemburg trauen.«

Ich war sehr bestürzt; denn es galt gegen die feinen Bestimmungen des neuen kirchlichen Gesetzbuches in nichts zu verstoßen, woraus die schwersten Konsequenzen hätten folgen können.

Der Prinz erklärte mir natürlich, warum diese Art von Trauung in den gegebenen Verhältnissen nötig erschiene (er konnte damals nicht nach Luxemburg einreisen), versicherte mich, dass alle Dokumente in Ordnung seien, er zeigte mir auch die Vollmacht des Bischofs von Luxemburg und teilte mir den Konsens des Pfarrers von Rorschach mit. Um halb 11 Uhr sollte die Trauung mit Ansprache stattfinden. Als Trauzeugen fungierten der anwesende Kaiser Karl von Österreich und eine andere hohe Persönlichkeit, die ich momentan vergessen habe. Die Braut war vertreten durch ihre heiligmäßige, inzwischen verstorbene Schwester Adelaide, die als Thronfolgerin (Großherzogin) auf den Thron verzichtet hatte. Zahlreiche hohe Gäste waren anwesend, z. B. die Herzogin von Parma, die Mutter der Kaiserin von Österreich etc. Die Trauung wurde rite vollzogen und ich hielt dabei eine Ansprache über Eheliebe, Ehetreue und Eheglück, drei Bilder auslegend: die Eheeinsetzung im Paradies, die mystische Hochzeit Christi am Kreuz und das ewige Hochzeitsmahl der Geheimen Offenbarung nach Johannes. Daran schlossen sich zeitgemäße Erinnerungen an die Anwesenden, an den Ernst der Zeit usw. an.

Als es nach Monaten möglich war, zog Prinz Felix in Luxemburg ein und dortselbst wurde nun mit vollem Hofprunk eine feierliche Hochzeit gehalten. Der mir von München her befreundete Päpstliche Nuntius Nicotra vollzog die Zeremonie, er erhielt aber natürlich zuvor das Dokument in die Hände, aus dem er sehen konnte, dass ich ihm schon zuvorgekommen war.

Ich redete später einmal über diese Luxemburger Trauung mit Benedikt XV. Derselbe lachte und sagte: »Nun ja, es war halt dort eine Zeremonie.«

Das offizielle Hochzeitsbild von Großherzogin Charlotte und Prinz Felix am 6. November 1919 in Luxemburg.
Sitzend: Großherzogin Maria-Anna, das Brautpaar, Herzogin Maria-Antonia von Parma und Prinzessin Henriette von Bourbon-Parma. Stehend: die Prinzen Gaetan und Xavier von Bourbon-Parma, Prinzessin Elisabeth von Luxemburg, Prinzessin Maria-Antonia von Bourbon-Parma, Prinzessin Hilda von Luxemburg, Prinz René und Prinzessin Isabella von Bourbon-Parma, Prinzessin Sophie von Luxemburg und die Prinzen Louis und Sixtus von Bourbon-Parma

Kapuzinerpater Coelestin Schwaighofer aus Deggendorf (1863–1934) bewegte sich zeitlebens mit »franziskanischer Unbekümmertheit« im ganzen europäischen Hochadel. Er war der Beichtvater und Betreuer der Familie des bayerischen Königs Ludwig III. sowie Kaiser Karls von Österreich und Kaiserin Zita. Beim Vatikan hatte er einige Ämter als Berater und wurde auch für geheimdiplomatische Aufträge eingesetzt.

SCHICKSALSWENDE

In München blieb das Leiden von Prinzessin Antonia und Kronprinz Rupprecht auf Dauer der Umgebung nicht verborgen, und so beschlossen die beiden Schwestern, Maria-Anna, die Mutter von Antonia und Maria-Josepha, die Schwiegermutter Rupprechts, für das unglückliche Paar ein wenig Schicksal zu spielen. »Ganz zufällig« begegneten sich Rupprecht und Antonia im Spätsommer 1920 auf einer Alpenwanderung. Weitab von ihren Begleitern, die eingeweiht waren, standen sich die beiden überrascht und verwirrt gegenüber, dann brach Antonia in Tränen aus und Rupprecht nahm sie wortlos in die Arme. Unter Schluchzen soll sie ihm anvertraut haben:

Prinzessin Antonia im Spätsommer 1920

Ich habe mich immer an mein Wort gebunden gefühlt, was bedeutet denn Rang und Stellung, wenn man seine Liebe so tief im Herzen trägt!

Kronprinz Rupprecht bemerkte später hierzu in seinem Tagebuch:

Hatte ich an die Möglichkeit einer Wiederverlobung gedacht, so war jetzt dieser Gedanke zum Entschluss gereift – lagen doch jetzt auch die Verhältnisse klarer wie damals, als ich außer Landes geweilt. Ich teilte meinen Entschluss meiner früheren Schwiegermutter mit, der Tante Antonias, durch deren Vermittlung eine Zusammenkunft mit dieser und dann die Wiederverlobung erfolgte.

Auch die persönliche Lage des Kronprinzen hatte sich geklärt, als von der bayerischen Republik eine gerechte Vermögensauseinandersetzung mit dem angestammten Königshause in Aussicht gestellt worden war. Im Februar 1921 wurde die Wiederverlobung offiziell bekannt gegeben.
Auch die beiden Schwestern Antonias, Sophie und Elisabeth verlobten sich, und so wurden die Jahre 1921 und 1922 zu zwei glanzvollen Hochzeitsjahren auf Schloss Hohenburg.

Das Kronprinzenpaar mit Rupprechts Sohn Albrecht 1921

Antonia von Bayern

Kaiser Heinrich und Kaiserin Kunigunde auf einem Fenster der Kathedrale von Luxemburg

EINE TAUSENDJÄHRIGE GESCHICHTE

Es war nicht das erste Mal, dass Luxemburgs Geschichte und die Bayerns miteinander verschmolzen. Herzog Heinrich II. von Bayern hatte im Mittelalter die Luxemburger Gräfin Kunigunde geheiratet. Nachdem er 1002 den deutschen Königsthron bestiegen hatte, übertrug er 1004 sein Herzogtum dem Grafen Heinrich von Luxemburg und dessen Nachfolgern. Diese vereinigten Bayern und Luxemburg unter einem Zepter, sie gehörten zu den mächtigsten Fürsten im Reich. Doch die Verbindung blieb ohne Nachkommen, eventuelle politische Ambitionen Luxemburgs erfüllten sich nicht. Nach dem Tode Heinrichs von Bayern wurden beide Länder wieder getrennt regiert.

Kaiser Karl IV., der wohl größte und mächtigste Luxemburger, und sein Sohn Wenzel knüpften vierhundert Jahre später wieder Familienbande nach Bayern, indem sie nacheinander mehrere Ehen mit den verschiedenen Zweigen des bayerischen Fürstenhauses eingingen. Doch auch diese Verbindungen blieben ohne die Erfüllung der auf sie gesetzten territorialen oder politischen Erwartungen. Wenig später verschwand die erste Dynastie des Hauses Luxemburg komplett von der Weltbühne.

Im frühen 18. Jahrhundert zog für vier Jahre ein Bayer, Kurfürst Max Emanuel, im Herzogtum Luxemburg ein. Im spanischen Erbfolgekrieg hatte er sich an die Seite Frankreichs geschlagen. Dafür nahm ihm Österreich seine bayerischen Lande weg. Da er seit 1692 Statthalter der spanischen Niederlande war, entschädigte ihn Philipp V. für den Verlust Bayerns, indem er ihm 1711 Luxemburg und Namur überließ, die er so lange besitzen sollte, bis Bayern ihm zurückerstattet werde, was 1714 geschah. Die Luxemburger, mittlerweile schon an diverse Fremdherrschaften gewöhnt, hießen Max Emanuel herzlich willkommen, wofür er ihnen die gehasste »Stempelsteuer« erließ.

Kurfürst Max Emanuel von Bayern

Seit 1890 hat Luxemburg wieder eine eigene Dynastie, und dem zwanzigsten Jahrhundert blieb es vorbehalten, mit der Hochzeit des Kronprinzen von Bayern und Prinzessin Antonia von Luxemburg eine erneute Verbindung zwischen Luxemburg und Bayern zu schaffen. Aber auch in diesem Fall gingen die politischen Hoffnungen, die einer luxemburgischen Prinzessin den Weg zum bayerischen Königsthron bereiten wollten, nicht in Erfüllung.

GLANZVOLLE HOCHZEIT IN HOHENBURG

Am 7. April 1921 war es so weit. Prinzessin Antonia und ihr Kronprinz traten vor den Traualtar. Ursprünglich war geplant, das Fest im engsten Kreise der Familie zu begehen. Die Zurückhaltung in der Öffentlichkeit, die sich der Kronprinz seit Kriegsende auferlegt hatte, sollte auch darin zum Ausdruck kommen. Die Gemeinde Lenggries jedoch bat, die Feier in die Pfarrkirche zu verlegen, ein Wunsch der Bevölkerung, dem das Brautpaar gerne entsprach. Am Vortag wurde die standesamtliche Trauung vom Gemeindeoberhaupt von Lenggries, dem Bäckermeister Meßmer, vorgenommen.

Das offizielle Hochzeitsbild des Kronprinzen am 7. April 1921 auf Schloss Hohenburg in Bayern, in der Mitte das Brautpaar, umgeben von König Ludwig III. von Bayern und Großherzogin Maria-Anna von Luxemburg, links neben ihr Nuntius Eugenio Pacelli, der spätere Papst Pius XII.

Nun schritt das Brautpaar zur kirchlichen Trauung, der Kronprinz am Arm der Großherzogin-Mutter von Luxemburg, während der von den Schicksalsschlägen der Vergangenheit sichtlich gebrochene, greise König Ludwig die Prinzessin zur Kirche geleitete. Trotz seiner 76 Jahre hatte es sich der gestürzte Monarch nicht nehmen lassen, an diesem Familienfest in Lenggries teilzunehmen und sein »süßes Schwiegertöchterchen«, wie er häufig sagte, selber dem Trau-altar entgegenzuführen. Die ländliche Bevölkerung, die das Spalier bildete, brach in Jubel aus, als ihr einstiger Herrscher den Wagen verließ und vielen Bayern liefen beim Anblick ihres greisen Monar-chen die Tränen über die Wangen, erkannte man doch, dass die dreijährige Leidenszeit nicht spurlos an dem alten Herrn vorüber-gegangen war. Auch die Augen des Kronprinzen schimmerten feucht, als er die Kirche betrat. Er hatte seine Marschallsuniform angelegt und wurde von seiner Schwiegermutter, Großherzogin Maria-Anna zum Altar geleitet. Dort neigte er, der so viel Glanz und Elend, so viel Glück und Leid in seinem Leben erfahren hatte, in tiefer Andacht sein Haupt. Kein Geringerer als der päpstliche Nuntius, Monsignore Eugenio Pacelli, der spätere Papst Pius XII., empfing das Brautpaar vor dem Allerheiligsten. Seit langem schon war er ein enger Freund der Familie und nun war er für den erkrank-ten Kardinal Faulhaber nach Lenggries gekommen, um die Trauung vorzunehmen. Unter dem Läuten der Glocken und dem Klang der Orgel begann die feierliche Zeremonie vor dem großen Hochaltar, auf dem sich der Glanz der Kerzen mit den einfallenden Sonnen-

König Ludwig III. geleitet seine zukünftige Schwiegertochter in die Kirche

Nuntius Pacelli bei der Trauung in der Pfarrkirche von Lenggries

Die glückliche Braut auf dem Weg zurück zum Schloss

Das Brautpaar am Alkoven von Schloss Hohenburg

strahlen vermischte. Über die Feierlichkeiten berichtete die örtliche Presse:

Der Hochaltar war mit Blumen übersät, Palmen standen an den Seitenwänden und weiß gekleidete Mädchen, die ersten Frühlingsblüten im Haar, trugen festliche Girlanden. Im Mittelschiff reihte sich Fahne an Fahne. Da waren der Schützenverein, der Veteranen- und Kriegerverein, die Feuerwehr, die Flößer-Innung, der Gebirgstrachten-Erhaltungsverein auf dem Plan. Besonders frisch nahm sich eine Abteilung Wackersberger Schützen aus in ihrer kleidsamen historischen Tracht, auf dem feschen Hut die bunten kecken Sträußchen. Kopf an Kopf drängte sich das festfrohe Volk.

In seiner Ansprache würdigte Nuntius Pacelli die Bedeutung der Hochzeitsfeierlichkeit und erinnerte daran, dass die Braut keine Fremde in ihrer neuen Heimat sei, wo sie schon so viele Jahre ihres Lebens zugebracht hatte und wo sie sich längst die Liebe und Wertschätzung der Bevölkerung erwerben konnte. Nach der vollzogenen Trauung zelebrierte der Nuntius, unterstützt von Ortspfarrer Dr. Holzner und Monsignore Graf Preysing, das Pontifikalamt, das mit dem Jubellied »Großer Gott wir loben Dich« endete.

»Über das frische Gesichtchen der jungen, hübschen Braut huscht ein glückliches Lächeln«, bemerkte ein Berichterstatter, als das Paar die Kirche wieder verließ. Am Nachmittag nahmen der Kronprinz und die Kronprinzessin in Schloss Hohenburg die Glückwünsche der Gratulanten entgegen. Trotz des starken Schneefalls, der am Abend einsetzte, ließ es sich die Bevölkerung von Lenggries nicht nehmen, den Neuvermählten vor dem Schloss ein Ständchen zu bringen. Nach der Hochzeitsreise in Tirol begründete das kronprinzliche Paar seinen Hausstand fürs Erste im Brandholzlehen in Berchtesgaden.

Fünf Tage nach der Hochzeit des Kronprinzenpaares, am 12. April folgte in der Hohenburger Schlosskapelle Prinzessin Sophie ihrem Auserwählten, Prinz Ernst-Heinrich von Sachsen zum Traualtar. Obwohl das Brautpaar eine Hochzeit im engsten Kreis der Familie wünschte, ließen es sich die Lenggrieser nicht nehmen, auch ihrer Prinzessin Sophie den gebührenden Rahmen zur Vermählung zukommen zu lassen. Die Trachtler bildeten das Spalier, als die dunkelhaarige Sophie in ihrem weißen Spitzenkleid am Arm ihres hellblonden, jungen Prinzen vom Festsaal zur kleinen Schlosskappelle schritt. Allen voran eine Schar kleiner Lenggrieser Mädchen in weißen Kleidchen, einen Teppich von Blüten über den Weg streuend.

*Das Brautpaar wird in Lenggries
von einer jubelnden Menge empfangen*

*Kronprinz Rupprecht mit seiner
Braut Antonia, rechts sein Sohn
Erbprinz Albrecht*

Nach der kirchlichen Trauung fand ein feierliches Bankett im großen Saal des Schlosses statt. Das Paar zog nach Moritzburg in Sachsen und schon bald erweiterte sich die Familie um drei kleine Prinzen: Dedo (1922), Timo (1923) und Gero (1925).

Im darauf folgenden Jahr dann fand die dritte Hochzeit in Hohenburg statt. Am 14. November 1922 vermählte sich Prinzessin Elisabeth mit Prinz Louis-Philipp aus dem Hause Thurn und Taxis. Sie ließen sich auf Schloss Niederaichbach an der Isar nieder. Zwei Kinder machten ihr Glück vollkommen: 1924 wurde Prinz Anselm und ein Jahr später Prinzessin Iniga geboren.

Nur Kronprinzessin Antonias Schwester Hilda blieb vorerst ledig. Zwar hatte sie 1920 eine kurze Beziehung zum Prinzen Philipp von Württemberg, der als Ehemann dann aber doch nicht ihrer Vorstellung entsprach. Sie heiratete am 29. Oktober 1930 auf Schloss Berg in Luxemburg den Erbprinzen Adolph von Schwarzenberg.

DER TOD KÖNIG LUDWIG III. VON BAYERN

König Ludwig III. am 7. April 1921 auf Schloss Hohenburg, wohl eine der letzten Aufnahmen von Bayerns letztem König

Die Hochzeitsfeier seines ältesten Sohnes mit Prinzessin Antonia von Luxemburg in Lenggries sollte der letzte öffentliche Auftritt König Ludwig III. von Bayern bleiben. Königin Marie-Therese war bereits 1919 gestorben. Die vergangenen anderthalb Jahre verbrachte er fast ausschließlich auf Schloss Wildenwarth. Hier hatte er drei seiner Töchter, die Prinzessinnen Hildegard, Wiltrud und Helmtrud um sich, die mit den alten Getreuen seiner Umgebung den kleinen Hofstaat bildeten, der dem Monarchen für die häuslichen, die wirtschaftlichen und auch für die öffentlichen Angelegenheiten zur Verfügung stand. Kurze Zeit nach der Hochzeit wurde er wieder krank. Auf Anraten seiner Ärzte begab er sich nach Ungarn. In der Abgeschiedenheit seines Gutes Sarvar sollte er die nötige Ruhe zur Genesung finden, doch schon Anfang Oktober machte sich eine erneute Herzschwäche bemerkbar, dazu kam eine Lungenentzündung, was zum allgemeinen Verfall seiner Kräfte führte. Am 18. Oktober 1921 verstarb er.

Mit dem Tode König Ludwig III. war Kronprinz Rupprecht Chef des Königlichen Hauses und damit legitimer Erbe seiner Väter.

In der Uniform eines bayerischen Feldmarschalls ging er hinter den Särgen der königlichen Eltern, die nun gemeinsam in München beigesetzt wurden. Erst in weitem Abstand folgten die übrigen Mitglieder des Königlichen Hauses und die fürstlichen Verwandten. 60.000 Teilnehmer umfasste der Trauerzug, wie der Bayerische Königsbote am 26. November 1921 überwältigt schrieb.

Im Dom, wo die sterblichen Überreste des letzten bayerischen Königspaares beigesetzt wurden, hielt Kardinal von Faulhaber die Trauerrede, die von politischen Einflechtungen über Revolution und Königtum durchsetzt war, eine Anklage an die junge Republik:

Wer einen Toten noch hassen kann, ist kein Mensch mehr, ist eine Hyäne. Wer einen Toten noch fürchtet, der hat entweder kein Vertrauen auf seine Sache oder er hat ein böses Gewissen und sieht überall Gespenster. Wenn die Trauerfeier heute in dem Geiste des Königs ist, so muss sie mehr sein als eine Trauerparade, mehr als ein Schaustück. Und darum hebt sich heute die Trauerfeier durch die kirchliche Weihe himmelhoch hinaus über alles Trauertheater, das auf dem Straßenpflaster von München jemals gewesen ist. König Ludwig ist nicht König von Volkes Gnaden gewesen, er war König von Gottes Gnaden, aber die Gottesgnade bestand darin, dass er sein Königtum als Dienst für das Wohl des Volkes auffasste. Wo das Volk sein eigener König ist, da wird es über kurz oder lang auch sein eigener Totengräber werden. Hier an dieser Stelle wollen wir nicht Richter sein über die Lebenden; denn der Herr hat gesprochen: Mein ist die Rache und ich werde vergelten! Wir stehen den Ereignissen aus den letzten Jahren des Lebens des Königs noch zu nahe, um ein Gesamturteil zu fällen und diese Ereignisse in den Zusammenhang der Zukunft einzustellen. Die Saat ist noch nicht so weit gereift, um die Ernte dieses Ackers zu übersehen. Aber das eine müssen wir sagen: Manch einer wird heute an seine Brust klopfen und sagen: Ich habe das Königtum gehasst und es treffen wollen und habe in der Person des Königs nicht seine Person, sondern nur sein Königtum treffen wollen. Diese heutige spontane machtvolle Trauerkundgebung ist ein Werk der Sühne am Sarge des Königs.

Worte, die dem am Altar knienden Kronprinzen und seiner jungen Frau Antonia wie kalte Schauer vorkommen mussten, konnten sie doch durchaus, wenn auch indirekt, als eine Aufforderung gedeutet werden, den Kronprinzen nach der Trauerfeier zum neuen König von Bayern auszurufen.

Hierzu bemerkte Erich Ludendorff in seinen Erinnerungen: »Es wurde von vielen erwartet, dass Kronprinz Rupprecht sich an diesem Tage als König von Bayern erklären werde«, und weiter: »aber der Kronprinz gehörte zu den Fürsten, die von dem Volk gebeten werden wollten, die Regierung zu übernehmen.«

Die Sterbebildchen des letzten bayerischen Königspaares

Auch der ehemalige Ministerpräsident Gustav von Kahr notierte über die Ereignisse:

Über die Bevölkerung Münchens war im Verlauf der Vorbereitungen für die Beisetzungsfeier eine stürmische Begeisterung für die Monarchie gekommen. Ohne irgendwelche Propaganda ging bald die Rede um, der Kronprinz werde nach Schluss der Beisetzungsfeier von seinem bayerischen Volke unter Jubel und Glockengeläute in die Residenz gebracht und dort zum König ausgerufen werden …
Natürlich hörte auch die Staatsregierung den anwachsenden Sturm und sah mit Sorgen den Entwicklungen entgegen, die ein solcher impulsiver Vorgang bringen konnte. Tiefe Erbitterung und der erwachsende Widerwille gegen die von Eisner mit frevelnder Hand herbeigeführten Zustände beherrschten weite Kreise in Bayern, und weite Kreise erhofften sich von einer Änderung der Staatsform eine alsbaldige Umwandlung der schlimmen Zeit in eine gute Zeit. Solche Gedanken erfassten auch die in ihren alten Verbänden noch fortlebende bayerische Einwohnerwehr, die der neuen Regierung Lerchenfeld nicht hold war und nur auf meine Weisungen hören wollte.

Von Kahr war nur wenige Wochen vor dem Tod des Königs als Ministerpräsident gestürzt worden, eine Tatsache, die sich mit Verstimmung hier in seiner Äußerung niederschlug, und so fuhr er fort:

Es schien, dass sich diese Regierung nicht mächtig genug fühlte, einem Ansturm entgegenzutreten … So kam sie wieder an mich mit der Anfrage, ob ich bereit sei abzuwiegeln, andernfalls müsste sie die Beisetzungsfeier in letzter Stunde absagen.

Doch es bedurfte keiner Vorbereitungen zu einer Staatsumwälzung, da der Kronprinz es ablehnte, die Trauerfeier seiner Eltern zum Ausgangspunkt einer solchen Aktion zu missbrauchen. Einerseits widerstrebte ihm rein menschlich, den Tod des Vaters und die ergreifende Trauer des Volkes um den König zu einem Gewaltstreich auszunützen und andererseits wollte er seine legitimen Rechte nur auf »legalem Wege«, was bedeutete, nur »auf den Ruf seines Volkes« antreten, was Kurt Sendtner, der Biograf des Kronprinzen, vortrefflich kommentierte:

Wenn ein Volk sein angestammtes Fürstenhaus vom Thron vertreibt oder vertreiben lässt, dann hat der Wahrer der Kronrechte den moralischen und politischen Anspruch daraus, dass das Volk ihn auf den Thron zurückführt. Nicht er hatte zu handeln, sondern das Volk.

Kardinal Michael von Faulhaber. Linke Seite: Trauerfeier für das letzte bayerische Königspaar vor der Ludwigskirche in München

Die Patrona Bavariae als Schutzmantelmadonna mit dem letzten bayerischen Königspaar

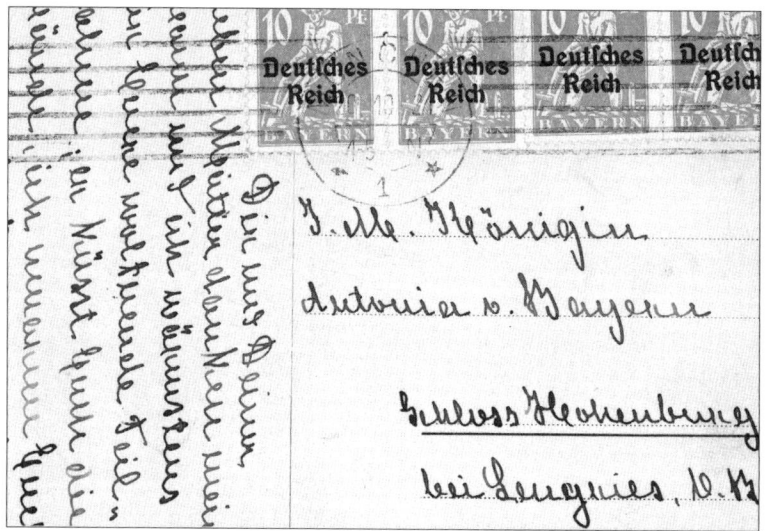

»Ihrer Majestät, Königin Antonia von Bayern« Anrede der Kronprinzessin auf einer Postkarte von Prinzessin Gisela von Bayern

Dass freilich innerhalb der königlichen Familie mit einer Übernahme der Krone durch Kronprinz Rupprecht gerechnet wurde, oder dass man zumindest darauf hoffte, belegt eine Postkarte von Prinzessin Gisela an Kronprinzessin Antonia vom 20. Oktober 1921, also zwei Tage nach dem Tod von König Ludwig III., adressiert nicht an »Ihre Königliche Hoheit, Kronprinzessin Antonia von Bayern« sondern an »Ihre Majestät, Königin Antonia von Bayern«.

Wie Kronprinzessin Antonia selber über diese ganzen Vorgänge dachte, ist leider nicht bekannt.

Kronprinz Rupprecht ließ nach den Trauerfeierlichkeiten folgende Kundgebung veröffentlichen:

Aus allen Teilen Bayerns und von vielen auswärts lebenden treuen Bayern sind mir in außerordentlich großer Zahl warm empfundene Kundgebungen der Teilnahme zum Hinscheiden meines nun in Gott ruhenden lieben Herrn Vaters zugegangen. Diese Kundgebungen haben heute einen ergreifenden Höhepunkt erreicht anlässlich der Beisetzung meiner in den letzten drei traurigen Jahren heimgegangenen Eltern. Sie sind ein rührender Beweis, dass Treue kein leerer Wahn ist und dass die innigen Beziehungen, die seit drei viertel Jahrtausenden das bayerische Volk mit dem aus ihm hervorgegangenen Geschlechte der Wittelsbacher verbinden, sich nicht durch einen Federstrich lösen lassen. Ich werde diese Zeichen der Treue nicht vergessen.

Mein höchst seliger Vater hat den Kelch des Leidens bis zur Neige geleert. Nicht nur sah er sein auf das Beste des Landes gerichtetes Lebenswerk zerstört, er musste zu seinem Schmerze nach dem Zusammenbruch des Reiches auch noch die an einem Augenblick der Unordnung und Verwirrung erfolgte Preisgabe von wesentlichen für das Bestehen des bayerischen Staates unentbehrlichen Rechten erleben.

Eingetreten in die Rechte meines Vaters und in treuem Bekenntnis zu meiner bayerischen und deutschen Heimat bin ich verpflichtet dies festzustellen; das schulde ich der Überlieferung meines Hauses, der Geschichte und der Zukunft. Die in den letzten Tagen mir zum Ausdruck gebrachten Gefühle berechtigen zu der Hoffnung, dass das bayerische Volk seinem gesunden Sinn

entsprechend aus seiner jetzigen Bedrängnis sich mit Gottes Hilfe wieder
empor ringen wird.

Rupprecht

Dies war die Dokumentierung des Legitimitätsprinzips, das gerade
in Bayern wesenhaft zum geistigen Prinzip der angestammten
Monarchie gehörte.

Hierzu fragte Kurt Sendtner in seiner Kronprinzen-Biografie, ob es
nicht doch ein historisches Versäumnis war, dass der Mann, der in
die Rechte seines königlichen Vaters eingetreten war, nun nicht
auch mit Entschlossenheit diese Rechte antrat? Konnte die große
Trauerkundgebung für das Königspaar nicht bereits als klares Volks-
votum gewertet werden, als der psychologische Augenblick, in dem
gehandelt werden musste? Sicher, es wäre ein Staatsstreich gewesen,
aber wäre er nicht sofort durch die vox populi legalisiert worden,
ganz anders legalisiert als jener von Kurt Eisner?

Bayern und Deutschland wären vieles erspart geblieben!

Aber der eindeutige Ruf des bayerischen Volkes blieb aus – Rupprecht und Antonia blieben das bayerische Kronprinzenpaar.

Porträt Rupprechts mit seiner vollen
Unterschrift als Kronprinz von Bay-
ern

DAS BAYERISCHE KRONPRINZENPAAR

Da Kronprinzessin Antonia nun nicht die Frau eines regierenden
Königs von Bayern war, brauchte sie sich auch nicht, wie einst ihre
Vorgängerin Marie-Gabriele, einer strengen Hofetikette zu unterwerfen, die ihrer frischen und natürlichen Wesensart ohnehin emp-
findlich widerstrebt hätte. Insofern war sie glücklicher daran als ihre
Vorgängerin und konnte sich mit aller Kraft dem familiären Zusam-
menleben widmen. Die Unbekümmertheit, mit der Kronprinzessin
Antonia zu leben verstand, half ihr mit Sicherheit viele Probleme
des Alltags leichter zu ertragen, besonders in den Jahren ihrer KZ-
Inhaftierung, andererseits aber war es gerade diese Unbekümmertheit, mit der sie sich und ihre Kinder, ohne es zu wollen, später im
Exil in höchste Gefahr brachte.

Dem Privatleben im Hause des Kronprinzen widmet sein Biograf
Kurt Sendtner ein eigenes Kapitel. Er, der die Familie sehr wohl
kannte, schrieb, dass hier stets eine natürliche, liebenswürdige
Atmosphäre herrschte, wie sie sich nur dort entfalten konnte, wo
eine Ehe, wie man sagt, »gut geht«. In den fürstlichen Familien sei

Das Kronprinzenpaar Anfang der
zwanziger Jahre

*Das Kronprinzenpaar beim Besuch
antiker Tempel in Griechenland*

*Kronprinzessin Antonia mit einem
ihrer legendären Hüte*

es nun halt auch einmal nicht anders als in den bürgerlichen: Über
wirkliches und dauerhaftes Eheglück entscheidet nicht die gerühm-
te Liebe auf den ersten Blick, sondern die liebevolle und duldsame
Anpassungsfähigkeit der beiden Ehepartner. Sie war auch hier gebo-
ten. Der Kronprinz war um 30 Jahre älter als seine Frau, seine künst-
lerischen Interessen lagen auf einem anderen Gebiete als die der
ihren. Gern hätte die Kronprinzessin ihre musikalischen Talente
weiter betätigt, wobei ihre besondere Freude der Pflege der Haus-
musik galt. Es war für sie wohl nicht immer leicht, etwa auf gemeinsamen Reisen nach Italien und Griechenland dem rastlosen Besich-
tigungsdrang ihres Mannes zu folgen, den stundenlange Museums-
besuche eher erfrischten als ermüdeten.

Starke Bindeglieder waren von Anfang an die Naturverbundenheit
und beider Humor. Sowohl von Berchtesgaden wie auch von Hohenschwangau aus unternahm das Kronprinzenpaar Jahr für Jahr
viele, weit ausgedehnte Wanderungen, bei denen sie am liebsten
von ihrer Umwelt unerkannt blieben.

Drei Anekdoten aus dieser Zeit blieben ihren Kindern bis heute in
heiterer Erinnerung und charakterisieren das Wesen der Kronprinzessin:

Mit schelmischer Freude rief sie in Anwesenheit dritter ihren Fah-
rer am liebsten ohne Anrede mit dessen Nachnahmen »Schatzl«,
was natürlich jedes Mal zu Konfusionen unter den Umstehenden
führte.

Um unerkannt zu bleiben, pflegte sie bei Spaziergängen mit Vorliebe wetterverbogene Hüte zu tragen, deren breiter Rand teilweise ihr Gesicht verdeckte. So bereitete es ihr einmal eine diebische Freude, als sie auf einer abgelegenen Almhütte von anderen Wanderern für die neu eingestellte Lehrerin von Lenggries gehalten wurde und man ihr gleich die mitgekommenen Sprösslinge vorstellte, um diese ihren pädagogischen Künsten zu empfehlen. Diese natürliche Herzlichkeit war es, mit der sie die Herzen der Bayern im Sturm eroberte, ganz besonders bei Freunden und den Angestellten des Hauses, die mit großer Anhänglichkeit an ihrer »wunderschönen Frau Kronprinzessin« hingen.

Vielfach begleitete die Kronprinzessin ihren Mann auch auf die Gebirgsjagd, die sie zuweilen aber auch allein ausübte. In ihrer Naturliebe bevorzugte sie den Aufenthalt in einsamen Gebirgswinkeln, wo sie sich später für sich und die Kinder sogar eine eigene Berghütte einrichten ließ. Hier konnte sie Wochen verweilen, dem Kronprinz aber, der so gar nicht zum Nichtstun veranlagt war, genügten meist schon einige Tage. Über die Natur und mit ihrem sprichwörtlichen Humor sind sich beide einander im wahrsten Sinne des Wortes immer wieder entgegengekommen, haben sie einander Opfer gebracht und immer wieder zusammengefunden. Erst mit den unseligen Ereignissen im Zweiten Weltkrieg sollte sich das Blatt wenden. Zu verschieden waren da die Auffassungen der beiden: hier die aufopfernde Mutter, einzig und allein auf das Wohlergehen ihrer Kinder bedacht, dort der pflichtbewusste Monarch, für den alles Private vor dem Wohl des Volkes zurückzustehen hatte. Doch dazu später.

So herzlich und in frohsinniger Art sich die Kronprinzessin im Allgemeinen im Kreis von ihr gut bekannten und vertrauten Menschen gab, so erfüllte sie bei offizieller Geselligkeit und bei großen repräsentativen Empfängen ihre königliche Aufgabe unter Überwindung einer gewissen Schüchternheit mit großem Charme in einer Unterhaltung, die weit über die oberflächliche Konversation eines »Cercle« hinausging. Neben der hohen Würde ihrer Erscheinung kamen aber auch dabei ihre innewohnende Herzenswärme und ihr Humor zu voller, oft bezaubernder Geltung, wie einer ihrer Gäste bemerkte: »Ihr Humor ist wie eine epidemische Krankheit, die jeden ansteckt, auch wenn er noch so traurig ist.«

Anderen Menschen die Traurigkeit zu nehmen, Leid und Not zu lindern, wo immer sie konnte, entsprach von Kindheit an ihrem

Das Kronprinzenpaar beim Spaziergang in Hohenburg (oben) und am Ufer des Königssees (unten)

Beim Wintersport in den bayerischen Bergen

Wesen, so hatte sie ihre Mutter erzogen. Ungezählte Menschen wurden plötzlich mit einer Spende »von Ungekannt« überrascht, ohne zu ahnen, dass es die Kronprinzessin war, welche die Notstände, laut Kronprinz »fast seherisch erkannte«.

KRONPRINZESSIN ANTONIAS KINDER

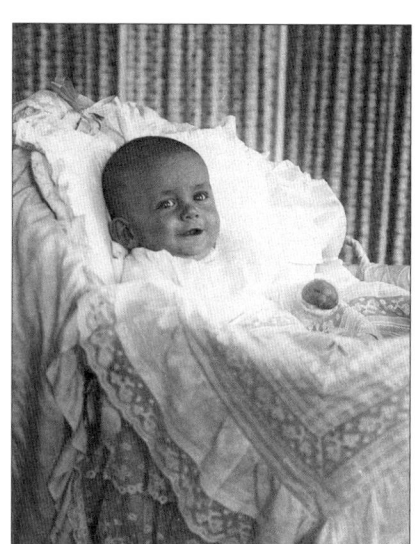

Prinz Heinrich von Bayern, der älteste Sohn des Kronprinzenpaares

Ein knappes Jahr nach der Hochzeit, am 28. März 1922 wurde Prinz Heinrich geboren. Er erhielt seinen Namen nach dem im Jahre 1916 in den Siebenbürger Karpathen gefallenen Vetter des Kronprinzen und wurde von der allverehrten Prinzessin Arnulf, der Mutter des Gefallenen am 1. April auf Schloss Hohenburg aus der Taufe gehoben. Das zu dieser Feier von der Kronprinzessin persönlich zusammengestellte Programm ist bis heute erhalten und befindet sich im Staatsarchiv München. Bereits am 31. März um 17 Uhr begann die Feier mit einem gemeinsamen Tee im Rauchsalon der ersten Etage des Schlosses. Abends um halb acht wurde die Abendtafel in der festlich geschmückten Bibliothek gereicht. Der eigentliche Tag der Taufe, der 1. April begann mit einem ausgedehnten Frühstück im Rauchsalon, dem um 11 Uhr ein zweites Frühstück im Salon der Großherzogin Maria-Anna im zweiten Obergeschoss folgte. Um halb zwei Uhr begann die Tauffeier im Weißen Salon. Kardinal Faulhaber war eigens angereist, um dem kleinen Prinzen die Taufe zu spenden. Hierzu hatte man im Salon

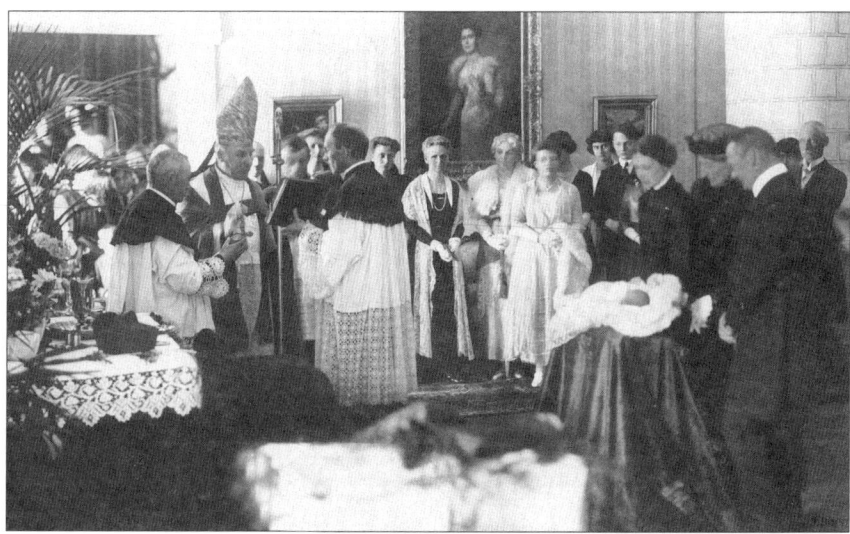

Prinz Heinrichs Taufe im April 1922 auf Schloss Hohenburg

Zwei Jahre später, am 21. September 1924, wurde die zweite Tochter, Prinzessin Editha, in Hohenburg von Nuntius Pacelli persönlich getauft.

einen Altar aufgestellt. Beendet wurde die Feierlichkeit mit einer dritten Frühstückstafel in der Bibliothek.

In den Folgejahren wurden fünf Töchter geboren, 1923 Prinzessin Irmingard, 1924 Prinzessin Editha, 1926 Prinzessin Hilda und 1927 Prinzessin Gabriele. 1935 gesellte sich als sechstes Kind und Nesthäkchen noch die kleine Sophie dazu. Der Kronprinz hatte viel Freude an der allmählich recht stattlichen Kinderstube, aber bei seinem weitgespannten Interessen- und Pflichtenkreis lag die Erziehung vor allem in den Händen der Kronprinzessin, wobei sie ihren

Die Schwestern von Kronprinzessin Antonia und ihre Familien: Großherzogin Charlotte und Prinz Felix von Luxemburg mit ihren Kindern Marie Gabriele, Marie Adelheid, Elisabeth, Alix, Jean und Charles

Kindern neben allem Selbstverständlichen auch vieles von ihrem eigenen Wesen, ihrer natürlichen und liebenswürdigen Art mitgab. Es bedurfte keiner umfangreichen und gelehrten Erziehungsprogramme; die waren im Hause des Kronprinzen seit seiner eigenen, äußerst strengen Erziehung verpönt. Viel wichtiger war ihm eine »glückliche Mutterhand«, wie sie die Kronprinzessin besaß.

Die ersten Jahre lebte das Kronprinzenpaar in Berchtesgaden und ab 1928 vornehmlich im Münchener Kronprinzen-Palais. Später, als in den dreißiger Jahren die Nachbarschaft zu Hitler in Berchtesgaden zu unangenehm wurde, verbrachten sie die Sommermonate auf Schloss Hohenschwangau und in Hohenburg.

Großherzogin Marie Adelheid (links), sie blieb unverheiratet. Prinzessin Hilda heiratete 1930 den Erbprinzen Adolph von Schwarzenberg (rechts), die Ehe blieb kinderlos

Prinzessin Elisabeth vermählte sich 1922 mit dem Prinzen von Thurn und Taxis, links ihre beiden Kinder Iniga und Anselm

Prinzessin Sophie mit ihrem Mann, dem Prinzen Heinrich von Sachsen, und den Söhnen Dedo, Timo und Gero

Das Schloss und die Stiftskirche in Berchtesgaden

Schloss Berchtesgaden, Gartenansicht (links)
Der mittelalterliche Kreuzgang in Schloss Berchtesgaden (rechts)

SCHLOSS BERCHTESGADEN

Erbaut wurde Schloss Berchtesgaden nicht als fürstliche Residenz, sondern als Augustiner-Chorherren-Stift. Zum ehemaligen Salzburger Bistum gehörig, fiel es nach der Säkularisation an das bayerische Königshaus. Die weitläufige Klosteranlage war im Laufe der Jahrhunderte mehrfach umgebaut und vergrößert worden, sodass sich im Innern Zeugnisse fast aller Epochen vereinen, im Zentrum, an der Kirche ein großer romanischer Kreuzgang. Dieser beeindruckte besonders die Kinder Antonias, da sich unter den großen Marmorplatten des Bodens die Grabstätten der Fürstbischöfe befinden. Nach einem Urteil der kleinen Prinzessin Irmingard in ihren Jugend-Erinnerungen sahen die meisten dieser Herren auf ihren Grabplatten sehr wohl genährt aus. Höllisch musste aufgepasst werden, bloß nicht auf die Grabplatten zu treten, zu groß war die Gefahr, dass des Nachts, wenn ihre Geister im Kloster herumwandelten, die Kinder zur Rechenschaft gezogen würden. Mit solchen Gruselgeschichten liebte besonders der kleine Heinrich seine Schwestern zu erschrecken.

Vom Kreuzgang führte der Weg zum großen Kapitelsaal. Zwei aus Stein gehauene Löwen bewachten das Tor. Da sie äußerst traurige, menschliche Züge haben, taten sie Prinzessin Irmingard Leid, stundenlang konnte sie sich mit ihnen beschäftigen und sie für ihr so trauriges, versteinertes Dasein trösten. Auch zu den Ritterrüstungen im Kapitelsaal hatte sie eine äußerst gute Beziehung, waren sie es

doch, an die sie sich nachts anschmiegen konnte und die sie beschützten, falls in der Dunkelheit die Gespenster in Mönchskutten mal wieder ihr Unwesen trieben. Eine breite Marmortreppe führte zur Wohnung der Kinder, ein schöner heller Raum mit einem herrlichen barocken Kachelofen. An den Wänden die von Kronprinzessin Antonia gemalten Porträts der Lieblingstiere, versehen mit passenden Gedichten des Kronprinzen. Von hier gelangte man ins Schlafzimmer der beiden Ältesten, Heinrich und Irmingard, das sie vehement gegen ihre kleineren Schwestern verteidigten, was allerdings nicht immer gelang und schon mal zu einem Missgeschick führen konnte: Wieder einmal besuchten die Kleinen, auf ihren Nachttöpfen rutschend, die Großen, was Heinrich überhaupt nicht behagte. Beim unsanften Hinausbefördern geschah das Malheur: die Geschwister waren zwar draußen, aber der »nach Milch und Windeln riechende« Inhalt ihrer Nachttöpfe blieb da, was den armen Heinrich fast zur Raserei brachte.

Das Kronprinzenpaar selbst bewohnte den Barockflügel, Rupprecht den ersten und Antonia den zweiten Stock. Der Hauptraum der Kronprinzenwohnung war das Arbeitszimmer, in dem er die meiste Zeit verbrachte. Im daneben liegenden Raucherzimmer empfing er seine Gäste. Besonders beeindruckt waren die Kinder hier von einem altmodischen Grammofon mit großem Trichter, auf dem sie, wenn sie ganz brav waren, Caruso hören durften.

Kronprinzessin Antonias Wohnung war mit prachtvollen Gobelins ausgestattet; in ihrem Wohnzimmer stand der Flügel, den sie zu Hauskonzerten nutzte. Neben der Musik war die Malerei eine ihrer Lieblingsbeschäftigungen. Hierzu hatte sie sich in der alten Hausmeisterwohnung ein Atelier eingerichtet.

Der Schulraum für den Privatunterricht der Kinder befand sich auf der Gartenseite des Schlosses mit traumhaftem Blick auf den Watzmann. Zwei herrliche Anekdoten aus der frühen Schulzeit sind den Prinzessinnen bis heute in Erinnerung geblieben:

DER WADELBISS

Ihren ersten Lehrer, ein junger Mann namens Kreuz, in den sich die kleine Editha abgöttisch verliebte, hatten die Kinder zu ihrem Leidwesen nur für kurze Zeit, dann wurde er durch einen Herrn Oberlehrer Schramm abgelöst. Allein die Tatsache, ihn mit Knicks

Entwurf der Kronprinzessin zu einem »Froschwappen« für das Kinderzimmer

Heinrich und Irmingard in ihrer Berchtesgadener Schlossschule

Prinzessin Irmingard im April 1928

*Gegenüber: Weihnachten in Berchtes-
gaden, die Kinder im Seidenanzug
mit Schärpe, rechts Prinz Heinrich
im »Sonntagsgewand«*

*Prinz Heinrich als wackerer Jagd-
helfer*

und den Worten »Guten Tag, Herr Oberlehrer« zu begrüßen, fiel Prinzessin Irmingard unendlich schwer. Ganz und gar aber miss-lang der Gesangsunterricht. Der wohl gemeinte Versuch, ihm ihren Sopran in voller Lautstärke vorzuführen, deutete er als lautes Geschrei, packte sie am Kragen und setzte sie vor die Tür. Empört über eine solche Ungerechtigkeit wehrte sie sich mit einem kräf-tigen Biss in die Waden. Lächelnd erinnert sie sich, ihn Jahre später einmal wiedergetroffen zu haben. Beim Plaudern über die alten Zeiten habe er plötzlich lakonisch gemeint: »Also, Ihr Herr Bruder, der war ein Schüler, mit dem konnte man sich über-all sehen lassen, aber Sie, reden wir lieber nicht mehr davon, von der schönen alten Zeit!« Doch zur Ehrenrettung der Prinzes-sin, ganz so brav wie der Lehrer meinte, war auch Prinz Heinrich nicht.

DIE HELDENTATEN DES ODYSSEUS

Besonders angetan war Prinz Heinrich von Odysseus und den Hel-densagen der Antike. Alles, was ihm an Lesbarem in die Hände fiel, wurde verschlungen und im Geiste reifte er zu einem antiken Hel-den heran. An einem schönen sonnigen Nachmittag, angefeuert von seinem Helden Odysseus, begab er sich in den Schlossgarten, um endlich eine große Heldentat zu vollbringen. Vor ihm stand in voller Blüte ein zwei Meter hoher Rhabarberstock, der ganze Stolz der Kronprinzessin. Wer wagte es da, sich ihm, dem antiken Helden in den Weg zu stellen? Mutig wurde attackiert und mit einem ein-zigen Streich seines Holzschwertes war die Staude geköpft. Er war befriedigt, seine Mutter weniger.

Ihre Erziehung war, wie Prinzessin Irmingard sich erinnert, nicht sonderlich streng. Von seinem Vater selbst noch spartanisch mit militärischem Drill erzogen, begegnete der Kronprinz seinen Kin-dern mit Verständnis und Humor, pochte aber stets auf Ordnung und Pünktlichkeit. Ein strenger Blick auf die Uhr konnte Wunder wirken.

Als Älteste durften Heinrich und Irmingard mit am Tisch der Gro-ßen speisen, was sie aber nicht sonderlich beeindruckte, mussten sie doch stundenlang ruhig sitzen und reden durften sie auch nur, wenn sie von einem Erwachsenen dazu aufgefordert wurden. Um

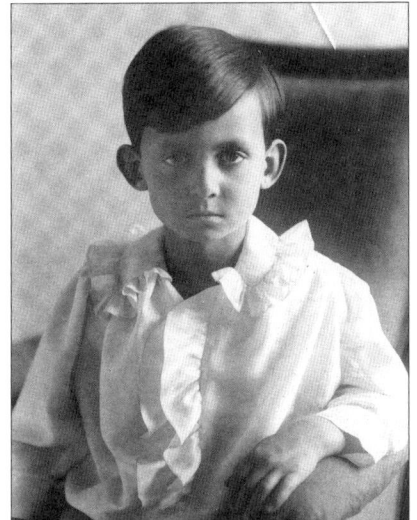

diese ganze Tortur zu verkürzen, hatten sich beide eine List einfallen lassen: In gegenseitigem Einvernehmen begannen sie heimlich ihre Stühle zu rücken. Bei solchem Geräusch standen die Erwachsenen automatisch auf und das lange Warten hatte ein Ende.

Nur wenn die Kinder Unnötiges vom Kronprinzen verlangten, machte sich seine fürstliche Erziehung bemerkbar: »Merkt euch, erst kommt das mir anvertraute Volk, dann erst ihr!«

Die Kinder respektierten dies, obwohl sie, laut Prinzessin Irmingard, »gerne mehr persönliche Zuneigung von ihm erfahren hätten, ähnlich wie bei Mama«.

Kronprinz Rupprecht war seinen Kindern sicher ein guter Vater, doch konnte er nie über seinen Schatten springen. Er blieb der Kronprinz, der zuerst an sein Volk und dann erst an seine Familie dachte, eine Haltung, mit der er sich selbst später in schwere Gewissenskonflikte stürzte und vor allem große Probleme zwischen sich und der Kronprinzessin heraufbeschwor.

In besonders guter Erinnerung blieben den Kindern bis heute die Weihnachtsfeiern in Berchtesgaden, deren Vorbereitungen bereits in den Adventstagen begannen. Einzig Prinz Heinrich soll zu diesen Feierlichkeiten ein etwas verzwicktes Verhältnis gehabt haben, musste er doch stets an diesen Tagen einen silbergrauen Seidenanzug mit großer Schärpe anlegen, was ihm laut seiner Geschwister »ganz schrecklich unangenehm war«.

Prinz Albrecht, der Sohn des Kronprinzen aus erster Ehe, bewohnte zu dieser Zeit das Rehbach-Stöckl des Berchtesgadener Schlosses.

Die Prinzenkinder Heinrich und Irmingard bei ihrer Erstkommunion in Berchtesgaden. Beim Anblick der beiden meinte ein älteres, kurzsichtiges Mütterlein, dass »die Brautleut aber noch arg jung seien«

*Erbprinz Albrecht mit seinem Hund
Wastl*

*Schloss Hohenschwangau (links).
Großherzogin Maria-Anna mit
ihren Enkeln in Hohenschwangau
(rechts)*

Obwohl er seine Halbgeschwister öfter besuchte, blieb sein Verhältnis zu ihnen doch immer gespannt, zu sehr hatte ihn die zweite Ehe seines Vaters mit der jungen Prinzessin Antonia gekränkt. Nach seiner Eheschließung am 3. September 1930 mit Gräfin Maria Draskovich von Trakostjan zog er nach Kreuth, das Herzog Ludwig Wilhelm in Bayern bewohnte. Hier ließ er sich im »Ökonomiehaus« nieder, wo seine Kinder, die Zwillinge Marie-Gabriele und Marie-Charlotte sowie Franz, Max geboren wurden.

SCHLOSS HOHENSCHWANGAU

In lebhafter Erinnerung behielten die Kinder die Aufenthalte auf Schloss Hohenschwangau. Für sie war die verwinkelte Burg ein einziger Abenteuerspielplatz und mehr als einmal erstarrte der Kronprinzessin das Blut in den Adern, wenn Prinz Heinrich und seine kleinen Schwestern wieder einmal, wie sie selbst einst auf dem Palais-Dach in Luxemburg, heimlich das steile Dach erklommen und als Rutschbahn benutzten.

Einmal aber wurde die Aufregung besonders groß, als Prinzessin Irmingard nicht nur über das Dach rutschte, sondern gar den Schwan zum Reitpferd nahm. Völlig entsetzt befahl ihr die Hofdame sofort abzusteigen, ansonsten würde sie raufkommen und sie runterholen und dann ... Voller Angst um eine bevorstehende Strafe kletterte die Prinzessin nun auch noch die Fahnenstange hinauf,

Heinrich, Irmingard und Hilda mit ihrem Vater zu Besuch auf Hohenschwangau

die äußerst gefährlich zu schwanken begann. Außer sich vor Angst drohte die Dame der Prinzessin alle möglichen Strafen an, falls sie nicht unverzüglich heruntersteige. Die Prinzessin aber war hierzu nicht bereit, es sei denn, die Hofdame schwört ihr, von jeglicher Bestrafung abzusehen. Die Stange schwankte immer gefährlicher und entnervt wurde Straffreiheit versprochen, worauf die Prinzessin wie zugesagt brav wieder herabstieg. Der Zwischenfall war noch lange Gesprächsstoff in Hohenschwangau, hatte man doch auch vom Dorf aus mit Entsetzen die Prinzessin auf der schwankenden Fahnenstange beobachtet.

Prinzessin Irmingards Reit-Schwan mit Fahnenstange auf dem Dach von Hohenschwangau

Das kronprinzliche Wohnzimmer auf Hohenschwangau

Sterbebildchen von Großherzogin Marie-Adelheid

TRAUER UM GROSSHERZOGIN MARIE-ADELHEID

1924 war Hohenburg wieder von Trauer überschattet. Nach ihrer Abdankung in Luxemburg hatte sich Großherzogin Marie-Adelheid, die älteste Schwester von Kronprinzessin Antonia, ins Karmeliterkloster von Modena zurückgezogen, doch ihre zerbrechliche Konstitution war dem aufreibenden Ordensleben nicht gewachsen. Auch ein Leben bei den Kleinen Armenschwestern in Rom musste sie aus gesundheitlichen Gründen wieder aufgeben. Nun plante sie ein Medizinstudium, doch bereits im März 1923 erkrankte sie so schwer, dass sie auch dieses abbrechen musste. Um zu genesen, zog sie sich zu ihrer Mutter nach Hohenburg zurück. Leider erholte sie sich nicht mehr. Am 24. Januar 1924, gegen halb zwei Uhr nachmittags verstarb die erst 29 Jahre alte Großherzogin, fern ihrer Luxemburger Heimat. Im großen Saal des Schlosses wurde sie aufgebahrt und drei Tage später in Anwesenheit der allernächsten Verwandten und mit dem Segen von Mgr Pierre Nommesch, Bischof von Luxemburg, in der Gruft unter der Schlosskapelle von Hohenburg beigesetzt.

Besuch der Töchter und der Enkelkinder bei Großmama Maria-Anna in Hohenburg

URLAUB BEI DER GROSSMUTTER IN BAYERN

Die Lenggrieser hatten die Hohenburger Kinderschar in ihr Herz geschlossen, ganz besonders den kleinen Heinrich von Bayern und seinen besten Freund, den Prinzen Jean von Luxemburg.

Glaubt man den Erzählungen älterer Lenggrieser, so war der kleine Prinz Heinrich ein ganz besonders liebenswerter Schelm. Stets zu Streichen aufgelegt, war er nie um eine Ausrede verlegen, war wieder mal irgendetwas schief gelaufen. Zwei Anekdoten fanden sogar Eingang in die Archive:

Ganze fünf Jahre alt war er, als er beim Herumtoben in Hohenburg seinen alten, geblümten Nachttopf zerschlug, was ihn aber nicht sonderlich erschütterte – laut Aussage von Albertine, seiner Kinderschwester, habe er sich sogar höllisch darüber gefreut, denn als Ersatz erhielt er nun einen von den schönen weißen, wie ihn auch die Herrschaft benutzte. Nun gehörte er zu den Großen, wohl Grund genug, sich fortan selber ins Gästebuch einzutragen, wenn er seine Großmutter besuchte. So finden sich am 12. Oktober 1927 neben den Namen Rupprecht und Antonia auch die eigenhändigen Einträge von Heinrich und seiner Schwester Irmingard.

Großmama Maria-Anna mit ihrer Enkelschar

Mittagstisch der Kinder mit ihren eigenen »Hofdamen«

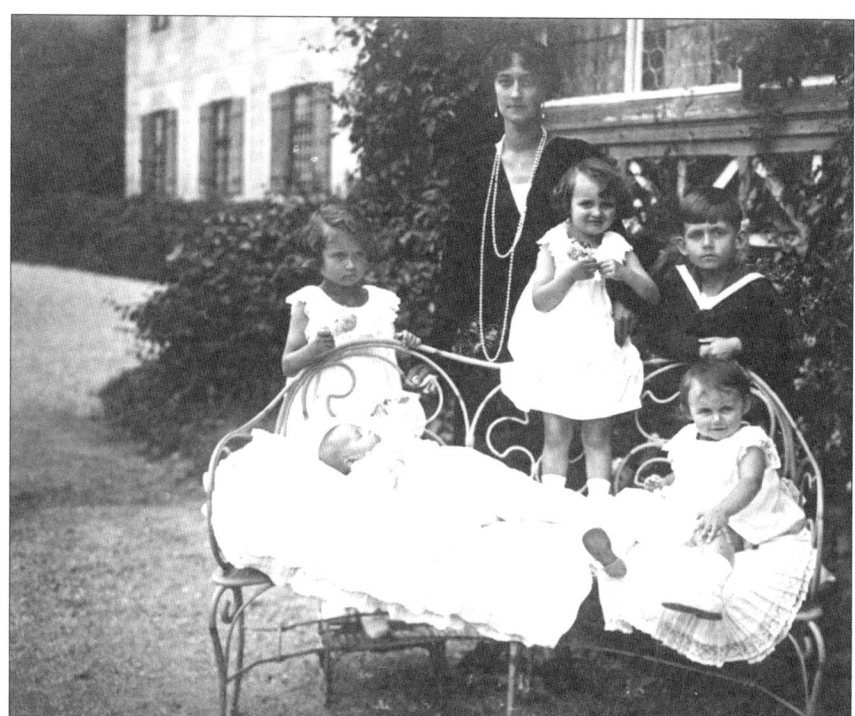

Kronprinzessin Antonia mit ihren Kindern Irmingard, Gabriele, Editha, Heinrich und Hilda

Bei einem solchen Eintrag ins Gästebuch passierte dann das Malheur, dass die Feder streikte und seither ein dicker Fleck die Seite ziert. Nicht verlegen, malte ihn Prinz Heinrich fein säuberlich zu einer Schnecke und umschrieb ihn mit »Großmama«. Somit war sie es also, die gekleckst hatte, warum sollte ihm da einer böse sein? Ihm oblag auch die Aufgabe, an Weihnachten die Grüße seiner Geschwister an die Hofgesellschaft zu übermitteln. Akkurat schrieb er die Karten, die teilweise noch heute erhalten sind, wobei er bei den Grüßen an Gräfin Lynar niemals ihren kleinen Dackel Floh vergaß.

Kronprinzessin Antonia gönnt sich eine Ruhepause in ihrer kleinen »Mösl-Hütte«

DAS »MÖSL«, DIE HEIMLICHE KARWENDEL-RESIDENZ

Unweit vom großherzoglich luxemburgischen Jagdrevier Peindl und der Vorderriss im Karwendelgebirge ließ Großherzogin Charlotte von Luxemburg für ihre Schwester Antonia und die Kinder eine kleine Hütte errichten. Da sie in einem Gebiet mit Flurnamen »im Moos« gelegen war, taufte sie die Kronprinzessin »Mösl«. Diese Hütte ließ sie mit Hilfe des großherzoglichen Leibjägers Karl

Heinrich und Irmingard vor der Mösl-Hütte, Antonias heimlicher Karwendel-Residenz

Schneefreuden im bayerischen Oberland, Antonia und ihre Kinder Heinrich, Irmingard, Editha, Hilda und Gabriele

Jösch in aller Heimlichkeit zu einer gemütlichen Jagdhütte ausbauen, in die sie eines Tages den Kronprinzen und ihre Kinder bei einer Wanderung feierlich einführte. In ihrem Innern befand sich ein großer Raum, das Stüberl mit einem stattlichen Esstisch an der Eckbank im Herrgottswinkel. Ein Kachelofen, um den herum ebenfalls eine Bank führte, sorgte für wohlige Wärme. Neben diesem Stüberl befand sich eine kleine Küche und im hinteren Teil der Hütte waren ein Bad und eine Toilette eingebaut. Ein kleiner Keller unter dem Stüberl diente als Vorratskammer, hier wurde Butter und Schweineschmalz in großen Steinguttöpfen gelagert. Weiter gab es in Salz eingelagerten Käse und in Kalk eingelegte Eier. Zum Schutz vor den Mäusen hingen Speck und Schinken an der Decke. Über eine Leiter gelangte man in einen geräumigen Raum im Dach, der als Schlafraum für die Kinder eingerichtet war.

Für die Kronprinzessin und ihre Kinder wurde dieses idyllische Fleckchen Erde in den kommenden Jahren zu einem wahren Paradies. Hier konnte sie ihre Rolle als Mutter leben, fernab jeden politischen Wettergrollens und ohne Rücksicht auf irgendwelche protokollarischen Spielregeln. Für die Kinder war das Leben auf dem Mösl sowieso das Schönste, ein Leben, an das sich Prinzessin Irmingard mit den Worten erinnert: »Mama gehörte den ganzen Tag uns, ohne Hofschranzen und Kinderschwestern, die dazwischen funkten. Es war auch bei Nacht nicht unheimlich, denn wir wohnten alle dicht beisammen.«

Neben der Hütte stand ein Heuschober, mit davor einem Gemüse-
garten. Da sie zumeist nur von Gräfin Pauli Bellegarde begleitet
waren, mussten alle Arbeiten selber ausgeführt werden. Spielerisch
lernten die Kinder den Haushalt führen, arbeiteten im Garten mit
und verbrachten vor allem viel Zeit in der Natur, mit der sie bis
heute eng verbunden blieben. Für die Kinder war die Gegend der
ideale Spielplatz, an dem sie sich frei austoben konnten. Nachdem
das Mösl zum Lieblingsaufenthalt der Kronprinzessin wurde, be-
klagte sich der Kronprinz scherzhaft: »Wenn es nach meiner Frau
ginge, würde sie vom Mösl überhaupt nicht mehr herunterkom-
men, sondern mich ganz allein in Berchtesgaden lassen.«
Ein Journalist, der durch Zufall der Kronprinzessin und ihren Kindern in den Bergen begegnete und sie dabei länger beobachten
konnte, erinnerte sich an diese Begegnung: »Wenn man die kleine
braunhaarige Rasselbande, die wilde Sieben, durch die Wiesen und
Wälder toben sieht, dann weiß man wirklich nicht, wer von ihnen
die Übermütigste ist.«
Ihm war nicht aufgefallen, dass eines dieser »herumtollenden Prinzenkinder« eine Erwachsene war – später dann hat er seinen Irrtum
berichtigt, weil die sieben Kronprinzenkinder eben nur sechs waren,
die Fröhlichste unter ihnen war die königliche Mutter selber.
Aber auch die Tierliebe ihrer eigenen Kinderjahre hatte Antonia
nicht aufgegeben, zwei Hündinnen, Riss und Fef, hatte sie auf dem
Mösl stets dabei. Mit ihnen züchtete sie Gebirgs-Schweiß-Hunde,
eine Rasse, die vornehmlich zur Jagd im Gebirge gebraucht wird.

*Zur Not ersetzen Heinrich und
Irmingard auch mal die Zugpferde*

UNTERM HAKENKREUZ.
DAS KRONPRINZENPALAIS IN MÜNCHEN

Die Winteraufenthalte verbrachte die Familie des Kronprinzen vornehmlich in München. Hier bewohnten sie das schräg gegenüber der Residenz gelegene Kronprinzenpalais, ehemals Palais Leuchtenberg. Leo von Klenze hatte dieses Gebäude in klassizistischem Stil für den Herzog von Leuchtenberg, der mit einer Tochter von König

Das Kronprinzenpalais am Odeonsplatz in München

Max Joseph, Prinzessin Amalie-Auguste verheiratet war, errichtet.
Über ein schweres eisernes Tor betrat man das Innere des Palais.
Neben einer Pförtnerloge führte die Haupttreppe nach oben. Zwei
große Gemälde, die Könige Ludwig I. und Ludwig II. darstellend,
zierten das Treppenhaus. Die Wohnung des Kronprinzenpaares
befand sich in der ersten Etage. Über ein Vorzimmer betrat man das
Arbeitszimmer des Kronprinzen mit Blick über den Odeonsplatz
zur Residenz. Unweit davon war das Boudoir der Kronprinzessin,
daneben das Schlafzimmer mit Blick auf Odeon und Musikhoch-
schule. Von hier aus gelangte man in das Bad der Kronprinzessin,
das wie ein Wintergarten ausgestattet war. Eine kleine Wendeltrep-
pe führte ins Zwischengeschoss zur Wohnung ihrer Kammerzofe
Gretchen Hilz und von dort weiter zur Portiersloge. Neben dem mit
roter Seidentapete ausgestatteten Empfangssalon der Kronprinzessin befanden sich die beiden größten Räume des Palais, das Speisezimmer und der Festsaal, beide noch in der klassizistischen Ausstat-
tung der Erbauungszeit.

Die Wohnung der Kinder befand sich in der zweiten Etage. Neben
der Haupttreppe gab es für die Kinder noch eine zweite, kleine versteckte Holztreppe, über die sie den Salon ihrer Mutter erreichen
konnten. Ihre Räume haben die Kinder hoch und dunkel in Erinnerung, ein Eindruck, der wohl besonders durch die dunkle Seiden-
bespannung entstand. Unmittelbar an der Wohnung der Kinder
befand sich die von Miss Wright, ihrer Erzieherin, am anderen
Ende wohnten die kleinen Prinzessinnen, daneben deren Spielzim-

Festsaal im Kronprinzenpalais

Blick vom Schreibtisch des Kronprinzen auf die königliche Residenz in München

mer, die Schulräume und das Zimmer von Fräulein Dimpfel aus München, ihrer lieben »Dalla«. Sie hatte die Aufsicht über die Kinderschwestern. Für die Kinder hatte sie immer ein offenes Ohr und so wurde ihr Zimmer der Zufluchtsort in allen Ängsten und Nöten. Prinz Albrecht wohnte im anderen Flügel des Palais.
Neben der Haupttreppe befand sich die Hauskapelle.
Die Kronprinzessin nutzte diese Winteraufenthalte besonders zum Besuch diverser Ausstellungen, Konzerte und Opern. Im National-theater stand der Familie nach wie vor eine Proszeniums-Loge zur Verfügung, die mittlere, ehemalige Königsloge hatte seit der Revo-

Der Kronprinz und seine Familie im Jahre 1927

*Kronprinzessin Antonia und ihre
Kinder im Salon des Kronprinzen-
palais gegen Ende der zwanziger
Jahre*

lution der Staat übernommen. Besonders für die Kinder war ein
Besuch der Oper stets eine der schönsten Belohnungen, ganz
besonders dann, wenn der Chauffeur in der Pause, direkt vom
»Bratwurstglöckel« am Dom frische Bratwürste mit Kraut vorbei
brachte.

Vom Kronprinzen wurden die Winteraufenthalte in München vor
allem für seine vielen öffentlichen Kontakte genutzt und so herrschte laut Prinzessin Irmingard im Palais ein ständiges Kommen und
Gehen von Künstlern, Professoren und Wissenschaftlern. Dann gab
es Hauskonzerte, an denen die Kronprinzessin als hervorragende

*Die Familie des Kronprinzen in den
dreißiger Jahren*

*Kronprinz Rupprecht von Bayern
auf einem Gemälde von 1929*

*Kronprinz Rupprecht und die Prin-
zen des Königlichen Hauses am
Armeemuseum in München*

Klavierspielerin zumeist selbst beteiligt war, Diskussions-Abende und viele Besuche von Verwandten und ausländischer, regierender Häuser. Auch Freunde des Kronprinzen aus seiner Militärzeit sowie politisch interessierter Menschen kamen vorbei. Nur Hitler und seine Gesinnungsgenossen der Nationalsozialisten waren dem Kronprinzen nicht willkommen.

In einem interessanten Gespräch mit dem bayerischen Fernsehen schilderte Herzog Franz von Bayern, zum Teil aus Erzählungen unmittelbar Beteiligter, zum Teil aber auch aus eigenem Erleben die Entwicklung Bayerns nach der Revolution und im Dritten Reich: Für Kronprinz Rupprecht stand nach dem Zusammenbruch der Monarchie an erster Stelle die Sorge, was nun aus Bayern werden sollte. Es vergingen ja nicht viele Jahre bis zum Nationalsozialismus und bereits während der Zeit der Weimarer Republik muss er gefühlt haben, dass diese ganze Konstruktion nicht die Kraft haben würde, auf Dauer dieses kaputtgegangene Deutschland zu erhalten. Auch Hindenburg, den er an sich wohl sehr schätzte, war in seinem hohen Alter nicht mehr in der Lage, diese Aufgabe zu meistern. Als dann Hitler auftauchte, ging Kronprinz Rupprecht sofort auf Distanz, vielleicht spürte er klarer als andere, dass Hitler überall Vereinbarungen und Verträge brach, wogegen der Kronprinz auch immer wieder protestierte, doch solche Proteste wurden leider von Hindenburg nicht mehr wirklich aufgenommen.

Hitler versuchte den Kronprinzen zu umwerben, ihn einzubinden, doch Kronprinz Rupprecht verweigerte ihm jede Zusammenarbeit, sodass die Spannung immer stärker wurde. Überliefert ist, dass Hitler sogar den Versuch unternahm, durch Fotomanipulationen in den Zeitungen den Kronprinzen für nationalsozialistische Zwecke zu vereinnahmen: An eine Parade von Veteranen, die der Kronprinz als Generalfeldmarschall vor der Residenz abnahm, ließ er eine Abteilung SA-Leute anschließen, die dann vor dem Kronprinzen, der dies nicht verhindern konnte, abgelichtet wurde. Diese so »konstruierte Fotografie« wurde über die Presse verbreitet und sollte als Beleg dafür dienen, der Kronprinz habe eine Parade der SA abgenommen.

Allen Versuchen seitens der Nationalsozialisten zum Trotz ist die Familie des Kronprinzen sich stets treu geblieben, was mitunter nicht ganz ungefährlich war: Zum Geburtstag von Adolf Hitler, am 20. April 1935, war das Leuchtenberg-Palais in München, der Stadtsitz des Kronprinzen, nicht mit der Hakenkreuzfahne beflaggt und

am darauf folgenden Nationalfeiertag, dem 1. Mai 1935 wurde an
Stelle der zur neuen Staatsflagge erhobenen Hakenkreuzfahne die
weißblaue Rautenfahne auf dem Leuchtenberg-Palais gehisst, was
die NS-Zeitung »Völkischer Beobachter« zu einem polemischen
Artikel gegen den Kronprinzen mit dem Titel »Was soll der Unfug«
veranlasste.

Auch Kronprinzessin Antonia bekannte sich offen zu den Gegnern
des Regimes. In einem Brief an den Kronprinzen aus dem Jahre
1952 bedankte sich der Archäologe, Professor Heinrich Karo, der
jüdischer Abstammung war, für die während der Nazizeit von Kronprinz Rupprecht empfangene Unterstützung. Darin schilderte er,
wie Kronprinzessin Antonia ihn vor seiner Emigration nach Amerika auf offener Straße verabschiedete:

*Wenn ich mit dankbarer Freude immer der herrlichen griechischen Tage
gedenke, die ich mit Euren Königlichen Hoheiten verleben durfte, so bin ich
mir noch viel inniger der huldvollen Güte bewusst, die Eure Königliche
Hoheit mir noch in den schlimmsten Nazijahren bewiesen haben, und nicht
minder einer Begegnung mit der Frau Kronprinzessin in der sehr belebten
Theatinerstraße, als Ihre Königliche Hoheit darauf bestand, mich anzuhal-
ten und mir zur nahe stehenden Fahrt nach Amerika alles Gute zu wünschen. Meine jetzige Frau, die mich begleitete, war ebenso wie ich tief bewegt
und auch entsetzt, da die Hohe Frau gewiss scharf überwacht wurde.*

Auch für die Luxemburger, als ihre nahen Verwandten, wurde das
Leben im Isarwinkel in diesen Jahren immer schwerer. Prinz Felix,

*Gebirgsschützen-Parade vor dem
Kronprinzen, neben militärischen
Anlässen eine der Repräsentations-
pflichten als Chef des Hauses Bayern*

Der Kronprinz mit seinen Söhnen Albrecht und Heinrich bei einem Schützenfest in Lenggries

Die Kronprinzessin in abendlicher Garderobe

der Gatte der Großherzogin, ansonsten ein leidenschaftlicher Weidmann, zog es nun häufiger vor, dem inzwischen zum Großherzoglichen Forstverwalter aufgestiegenen, ehemaligen Leibjäger Karl Jösch und einigen befreundeten Jägern aus München seine Jagd zu überlassen.

So wie Kronprinz Rupprecht mit seiner Familie eine klare Haltung gegen die neuen Machthaber in Deutschland eingenommen hatte, distanzierte sich auch Großherzogin Maria-Anna ganz unverhohlen von den nationalsozialistischen Umtrieben, die mittlerweile auch das Isartal nicht verschont ließen. Sie ging sogar so weit, sich offen für einen ihrer Bediensteten einzusetzen, der 1938 durch eine Unvorsichtigkeit in die Fänge der Gestapo geraten war. Josef Kinshofer war es gewohnt, die Dinge so zu sagen, wie er sie dachte. Der inständigen Bitte seiner Umgebung, doch etwas diplomatischer zu sein, pflegte er zu entgegnen, dass früher bei »Königs« wegen einem wahren Wort auch niemand gehängt wurde. Und wäre doch jemand einmal einer Herrschaft zu nahe getreten, habe man halt seine fünf Mark bezahlt und die Sache war bereinigt! Dass diese Regel bei den Nazis keine Gültigkeit hatte, musste er im September 1938 bitter erfahren. Am Stammtisch kommentierte er das Münchner Abkommen lakonisch mit den Worten: »Na hoffentlich kommt diesmal mehr dabei heraus als 1914!«. Am darauf folgenden 27. Oktober wurde er unter dem Vorwurf verhaftet, er habe behauptet: »Die richten wohl wieder den gleichen Saustall an wie 1914!«. Er kam nach Bad Tölz in Untersuchungshaft, von wo er nach Dachau überstellt werden sollte. Was dies zu bedeuten hatte wusste jeder. Voller Entsetzen fuhr seine Frau mit dem Zug nach München. Ein alter Jagdkollege ihres Mannes arbeitete im Braunen Haus, vielleicht konnte er etwas für ihn tun. Doch der hatte Angst, in den Verdacht zu geraten, »königsfreundlich« zu sein, was zumindest das Ende seines Arbeitsverhältnisses bedeutet hätte. Trotzdem konnte er Frau Kinshofer beruhigen, aus Portugal sei ein Schreiben von Großherzogin Maria-Anna eingetroffen, in dem sie sich für die Integrität von Josef Kinshofer verbürgte. Vermutlich hatte sie über die Gräfin Lynar von seiner Verhaftung erfahren, was sie sofort zum Anlass nahm, sich für ihn einzusetzen. Tatsächlich wurde Kinshofer am 13. November freigelassen. Leider hat die Familie den rettenden Brief nie zu sehen bekommen.

Zwei geheimnisvolle Schlossgeister

Im Leben des Hauses Bayern spielen zwei Familiengespenster eine wichtige Rolle, von denen auch die Kronprinzessin und ihre Kinder nicht verschont blieben: die weiße und die schwarze Frau.

Bei der weißen Frau handelt es sich wohl um Maria Anna Kunigunde, deren Vater August der Starke von Sachsen war. Sie war mit einem Wittelsbacher verheiratet. Als sie verwitwet war, trat sie ins Kloster ein und wurde Äbtissin. Seit ihrem Tod geistert sie durch die Schlösser und hilft schon mal geplagten Müttern bei der Erziehung ihrer Kinder. Auf zwei Gemälden ist sie zu sehen. Einst hingen diese in Berchtesgaden und im Kronprinzenpalais in München, heute hängen beide in Leutstetten, wo der strenge Blick der guten Maria Anna Kunigunde immer noch Eindruck auf Prinzessin Irmingard macht und früher sicherlich geeignet war, unfolgsame Prinzenkinder mit der Drohung ihres Erscheinens wieder auf den rechten Tugendpfad zu führen.

Ein bedeutend traurigeres Schicksal hatte die schwarze Frau, Maria von Brabant, die erste Gemahlin des bayerischen Herzogs Ludwig II. des Strengen. In einem wahnsinnigen Anfall von Eifersucht hatte er sie getötet und als Sühne Kloster Fürstenfeld gestiftet. Doch dieses Opfer mag sein Gewissen beruhigt haben, der Seele der armen Maria brachte es keine Ruhe. Seit ihrem gewaltsamen Tod erscheint sie immer wieder bei Familienanlässen, um denjenigen, an dessen Seite sie gesehen wird, zur Ewigkeit abzuholen. Auch Kronprinzessin Antonia wurde kurz vor Kriegsausbruch Zeuge ihres geheimnisvollen Erscheinens: Bei einem Nachmittagstee mit ihrer Schwester, Prinzessin Sophie von Sachsen bemerkte Miss Wright eine schlanke, in Schwarz gekleidete Dame an der Tür in unmittelbarer Nähe von Prinzessin Sophie. Als sie die Kronprinzessin und ihre Schwester auf die Anwesenheit der Dame aufmerksam machte, war diese spurlos verschwunden. Wenige Monate später verstarb Prinzessin Sophie.

Die weiße Frau bei ihrem Erscheinen in der Münchner Residenz, um laut Beschreibung der historischen Illustration den Tod König Ludwig II. zu verkünden

IN LUXEMBURG: DIE SCHLACHT AM ROTEN HÜGEL

Am 13. Juli 1931 feierte Großherzogin Maria-Anna ihren siebzigsten Geburtstag. Hierzu hatte sie die gesamte Familie nach Schloss Berg in Luxemburg geladen.

Bereits Wochen vorher wurden die ersten Vorbereitungen getroffen, die Kinder lernten den »Feierwon«, ein Lied über die alte, erste Luxemburger Eisenbahn und die Nationalhymne, natürlich ebenfalls in luxemburgischer Sprache. Am 10. Juli trafen in München die beiden in Deutschland lebenden Schwestern der Kronprinzessin, Elisabeth und Sophie, mit ihren Kindern ein und einen Tag später brach die ganze Gesellschaft, drei Prinzessinnen mit ihren zehn Kindern, die kleine Sophie von Bayern war noch nicht geboren, sämtlicher Kinderschwestern und einem Haufen Koffer vom Bahnhof München in Richtung Luxemburg auf. Es wurde eine lustige Reise, die drei Sachsen-Buben Dedo, Timo und Gero, Anselm von Thurn und Taxis und Heinrich von Bayern heckten ständig neue Späße aus, mit denen sie die Prinzessinnen ärgern konnten, und die Kindermädchen hatten alle Hände voll zu tun, um den drei Müttern wenigstens ein wenig Ruhe auf der langen Fahrt zu ermöglichen. Nebst allen kleinen und größeren Zwischenfällen, die stets für Erheiterung sorgten, beschäftigte vor allem die Buben ein Wortspiel der kleinen Gabriele, die beim Vorbeiziehen der ganzen Burgruinen am Rhein meinte: »Magda, schau, schon wieder eine Urine!«

Während der Zugfahrt nach Luxemburg

*Nach der Schlacht am roten Hügel,
wieder bereit, der Großmama ein
Geburtstagsständchen darzubringen*

Unter dem Gekreische der Buben versuchte die Kinderschwester
Martha vergeblich die Kleine aufzuklären: »So heißt das nicht, es
heißt Ruine, das kommt von ruinieren, kaputtmachen.«
Aber Gabriele blieb standhaft bei ihrer Urine.
Diese Ruinen waren es dann auch wohl, die in Luxemburg den
Prinzen Heinrich zur »Schlacht am roten Hügel« inspirierten. Kurz
nachdem alle Kinder festlich angezogen waren, durften sie zur
Überbrückung der Zeit bis zum Beginn der Feier noch mal in den
Schlosspark, was sich aber schnell als verhängnisvoller Fehler
herausstellte. Hier fanden Heinrich und seine Schwester Irmingard
inmitten von roter, lehmiger Erde ein Wasserreservoir, das sie sofort
zu ihrer Festung deklarierten. Unter der Führung des Prinzen Jean
von Luxemburg gingen die anderen zur Attacke über und versuchten nun mit allen Mitteln, die Festung zu erstürmen. Doch Heinrich und Irmingard verteidigten sich tapfer und schmissen die
Angreifer immer wieder den rutschigen Steilhang hinunter. Pech
nur, dass das ganze Umfeld eben aus roter, lehmiger Erde bestand,
und dementsprechend sahen bald die Spitzenkleider und Seiden-
anzüge der Kinder aus. Die Schlacht endete in einem heftigen
Tumult, der von Prinzessin Hilda, einer Schwester der Kronprinzessin, mit einigen gezielten Besenhieben beendet wurde. Was folgte waren heftige »Friedensverhandlungen«, da die Luxemburger
Lakaien mit den Kinderschwestern über die Frage in Streit gerie-
ten, wer denn nun angefangen und in welchem Lager die »Böse-
wichte« zu suchen waren. Wenig später dann löste sich doch noch

Die feierliche Gesellschaft zum 70. Geburtstag von Großherzogin Marie-Anna von Luxemburg am 13. Juli 1931

alles in Wohlgefallen auf, die Kinder sangen im Chor, zwar etwas zerzaust, fleckig und erhitzt, wie sich Prinzessin Irmingard erinnert, aber zur größten Freude der Großmutter, die gebührend gefeiert wurde und sowieso viel Spaß verstand, was sie unter Beweis stellte, als sie wenig später eine Probefahrt mit dem Elektro-Auto eines der Kinder versuchte. Rasant nahm sie die Kurven zwischen den Blumenbeeten, wobei einige der Blumentöpfe unter dem lauten Beifall der Kinder zu Bruch gingen. Es waren schöne und erholsame Tage in Luxemburg, noch einmal genoss Kronprinzessin Antonia die Stunden im Kreise ihrer Familie, umgeben von Erinnerungen an ihre eigene Kindheit, nicht ahnend, dass bald schon das Unheil über sie, ihre Familie und auch ihre Mutter in Hohenburg hereinbrechen würde.

DIE SCHWEREN 30ER-JAHRE

Erbprinz Albrecht mit seiner Braut, Gräfin Maria Draskovich von Trakostjan, 1930

Mit der Machtergreifung der Nationalsozialisten wurde das Leben für die Wittelsbacher als lebende Repräsentanten einer großen Vergangenheit nun immer unerträglicher. Nicht umsonst wurde München zur »Hauptstadt der Bewegung«, um es so von den Traditionswurzeln zu lösen. Allzu gerne hätte Hitler die Wittelsbacher als Aushängeschild in braune Uniformen gesteckt, doch die eisige Ablehnung, die ihm entgegenschlug, erregte seinen Zorn nur noch mehr gegen das Haus und seine nahen Verwandten in Bayern.

LETZTER VERSUCH ZUR UMKEHR

Noch einmal, in den Jahren 1932 bis 1933 sollte der Versuch einer Umkehr für Bayern gewagt werden. Hitler war bekannt, dass gerade in Bayern seine Position nicht die stärkste war. General von Blomberg sollte sondieren, wie stark die Bewegung der Monarchisten noch einzuschätzen sei. Als »nur ein paar Leute, die gerne Hofmarschall werden würden«, bezeichnete er die bayerischen Monarchisten, was in keiner Weise der Realität entsprach. Im Gegenteil: Im Januar 1933, zwei Monate vor der geplanten Reichstagswahl, erschienen die bayerischen Monatshefte mit einem Leitartikel unter dem Titel »König Rupprecht«. Das Heft war umgehend ausverkauft, wohl von »all den Leuten, die Hofmarschall werden wollten«, wie Freiherr von Aretin dazu ironisch meinte. Auch die übrige Presse machte die Öffentlichkeit mit der kommenden Möglichkeit einer Wiedereinsetzung der Monarchie in Bayern vertraut. Um den schwankenden Ministerpräsidenten, der die Bayern in einem Volksentscheid, ähnlich wie 1919 in Luxemburg, über die Loslösung vom Reich und die Wiedereinführung der Monarchie entscheiden lassen wollte, zu überzeugen, sollte eine öffentliche Demonstration über die Tragfähigkeit des monarchistischen Gedankens vorgeführt werden. Hierzu hatte man eine Aufführung des Vogelhändlers gewählt, in der ein Akt mit der Huldigung an einen Fürsten endet. Den Monarchisten war es gelungen, die Bühne mit weiß-blauen Fahnen zu dekorieren, um die Zuschauer in den Glauben zu versetzen, es handle sich bei dem zu huldigenden Fürsten um Kronprinz Rupprecht, der mit seiner Frau Antonia der Aufführung beiwohnte, allerdings ohne zu ahnen, was hier vor sich ging. Als es dann zur betreffenden Szene kam, brach tosender Beifall aus, das Publikum erhob sich von seinen Plätzen und mit Minuten langen Ovationen wurde das Kronprinzenpaar gefeiert. Die Demonstration war gelungen, doch die Verunsicherung der Regierung war größer als zuvor. Kultusminister Goldenberger riet sogar von einer Wiederholung dieser Demonstration ab, da er sich ansonsten gezwungen sehe, die Aufführung aus dem Spielplan zu nehmen. Am 30. Januar wurde Hitler Reichskanzler, womit der langwierige Weg über ein Volksbegehren nicht mehr beschritten werden konnte. Ministerpräsident Dr. Held plante nun den Kronprinzen Rupprecht zum Generalkommissar zu ernennen und ihm die Exekutive im Land zu übertragen. In dieser Position wäre für den Kronprinzen die Möglichkeit

Kronprinzessin Antonia im Jahre 1933

Die Januarausgabe der Süddeutschen Monatshefte mit dem Titel »König Rupprecht«

offen gewesen, ohne Volksabstimmung die notwendigen parlamentarischen Maßnahmen zu ergreifen. Am 22. Februar sollte der Kronprinz als Generalstaatskommissar eingesetzt werden, allerdings stellte Ministerpräsident Dr. Held nun in letzter Stunde wieder eine Bedingung: Nachdem er mit seinem Ministerium im Landtag keine Mehrheit hinter sich wusste, sollte der Kronprinz ihn im Amt bestätigen. Doch auf diese Bedingung konnte Kronprinz Rupprecht nicht eingehen. Mit der Annahme dieser Bedingung hätte er von vornherein darauf verzichtet, die vom Volk gewünschten Änderungen vorzunehmen und die politische Initiative zu ergreifen. Doch man gab nicht auf: Als letzter Versuch reisten am Abend Fürst Eugen zu Oettingen-Wallerstein und Freiherr Alfons von Redwitz nach Berlin, um noch einmal mit Reichspräsident von Hindenburg

König Rupprecht und Königin Antonia von Bayern?
Nicht wenige warteten 1932–33 vergeblich auf eine positive Entscheidung dieser Frage

Die kronprinzliche Familie im Jahre
1933

Sterbebildchen von Prinz Louis
Philippe von Thurn und Taxis

die besondere Lage Bayerns zu besprechen. In Berlin war der nationalsozialistische Umbruch jedoch bereits in vollem Gange und ein
verfassungsmäßiger Staatsapparat bestand nicht mehr. Darüber hinaus war der greise von Hindenburg über die Vorgänge in München
kaum noch unterrichtet, womit die Pläne einer Wiedereinführung
der Monarchie in Bayern endgültig gescheitert waren.

Auch Hitler waren die Bestrebungen in Bayern nicht entgangen.
Umgehend wurden SA und SS in ganz Oberbayern in Alarmzu-
stand versetzt und sofort nach den Märzwahlen die Regierung
Held ihres Amtes enthoben. In München zog General Ritter von
Epp als Reichsstatthalter ein. Für die nationalsozialistische Dikta-
tur war das Haus Wittelsbach zu einem der gefährlichsten Staats-
feinde geworden.

Mitten in diese Wirren platzte am 22. April 1933 die Todesnachricht
von Kronprinzessin Antonias Schwager, dem Prinzen Louis Philippe von Thurn und Taxis, der unerwartet, knapp 32 Jahre alt in
Schloss Niederaichbach verstorben war. Zurück blieben die gleich-
altrige Prinzessin Elisabeth und die beiden Kinder, die sich eben auf
ihre erste Kommunion vorbereiteten. Allein musste sich die Prinzessin fortan um den Besitz und die Erziehung ihrer Kinder küm-
mern, was sie aber nicht davon abhielt, ihre schon äußerst knapp
bemessene freie Zeit ganz in den Dienst der Kranken- und Alten-
pflege zu stellen, worin sie ihre Schwiegermutter, Fürstin Margare-
the von Thurn und Taxis unterstützte.

Schloss Niederaichbach bei Landshut

DER RÖHMPUTSCH UND DIE FOLGEN

Als im Juni 1934 der so genannte Röhmputsch durch die SS nieder-
geschlagen wurde, schien für die braunen Machthaber der günstige
Moment gekommen, sich auch andere Gegner vom Hals zu schaffen. Kronprinz Rupprecht war damals zufällig, einer Einladung fol-
gend, nach England gefahren. Er hatte bereits die deutsche Grenze
überschritten, als der Reichsstatthalter in Bayern zu seiner großen
Verlegenheit den Auftrag erhielt, die Abreise des Kronprinzen unter
allen Umständen zu verhindern, was Gott sei Dank nicht mehr gelang, denn in einer wohl organisierten »Verwirrung« wurden nun
nicht nur die Freunde und Anhänger Röhms bei Nacht und Nebel
ermordet, sondern auch viele andere, die nicht in diese inneren Auseinandersetzungen der Partei verwickelt waren, die aber dem Dik-
tator Hitler und seinen Henkersknechten gefährlich erschienen,
mussten in dieser »Bartholomäusnacht« sterben. Als Repräsentanten des stärksten Widerstandes schwebte auch die Kronprinzliche
Familie in höchster Lebensgefahr. Doch Hitler war sicher nicht
unbekannt, welche Stellung der Kronprinz innerhalb seines Volkes
nach wie vor genoss und einen Aufstand konnte und wollte er sich
zu dem Zeitpunkt in Bayern nicht leisten. Trotzdem wurden in der
Folgezeit Vertraute des Kronprinzen von der Gestapo verhört und
manch einer seiner Mitarbeiter musste Drangsalierungen über sich
ergehen lassen; so blieb die Lage der Familie des Kronprinzen auch
weiterhin bedrohlich.

Als Kronprinz Rupprecht aus England nach Bayern zurückkehrte, hatten sich die Wirren verzogen, in denen ein als Unglücksfall getarnter Anschlag vielleicht noch möglich gewesen wäre. Vorerst hatte der Kronprinz kaum etwas zu befürchten, sein hohes Ansehen im In- und Ausland schützte ihn vor einem offenen Attentat. Trotzdem wurde in Leutstetten ein Sicherheitsdienst eingerichtet, um einen Anschlag auf ihn und die seinen an Ort und Stelle zu verhindern. Das Schloss wurde heimlich mit Waffen versehen und zuverlässige Freunde hielten sich dort zur Abwehr bereit. Daneben musste ein Fluchtweg eingerichtet werden, um den Kronprinzen und seine Familie bei einem geplanten Anschlag aus Bayern fortzubringen und so einem Zugriff zu entziehen. Ein geeignetes Versteck in den Bergen bei Oberammergau und den Weg von dort über die bayerische Grenze nach Tirol sicherzustellen, gelang ziemlich rasch, dank der Zuverlässigkeit bayerischer Forstleute, die ihrem früheren königlichen Jagdherrn in unwandelbarer Treue ergeben waren. Der Übergang nach Tirol konnte mit Hilfe des italienischen Oberst Grammacini sichergestellt werden. Auch fanden Besprechungen über die praktische Möglichkeit eines Schutzes des Kronprinzen durch die Reichswehrtruppe statt. Sie ergaben, dass General Halder hierzu grundsätzlich bereit war. Im Falle einer Gefahr hätte er kurzfristig eine Truppenübung in der Starnberger Umgebung angeordnet und dabei zum Schutze der Kronprinzlichen Familie Leutstetten mit einer Abteilung belegt. Vor allem kam es darauf an, rechtzeitig unterrichtet zu werden, falls neues Unheil für die Familie drohen sollte.

Großherzogin Maria-Anna von Luxemburg umgeben von ihren Töchtern und Verwandten in Hohenburg (links)
Kronprinzessin Antonia mit ihrem Stiefsohn, Erbprinz Albrecht, zu Besuch bei Großherzogin Maria-Anna in Hohenburg (rechts)

Eine der letzten Weihnachtsfeiern in Berchtesgaden

Im Jahre 1935 sah es dann so aus, als müsse die Familie des Kronprinzen mit einer neuen Gestapo-Aktion rechnen. Die Generaloberste Franz Halder und Adam rieten dem Kronprinzen, Deutschland zu verlassen, da sie ein Eingreifen der Wehrmacht nicht garantieren könnten. Dies wäre auch im Sinne der Kronprinzessin gewesen, die sich große Sorgen um das Wohl ihrer Kinder machte. Kronprinz Rupprecht entschloss sich zu einem vorübergehenden Besuch seines Bruders, dem Prinzen Franz, der seit 1933 fast ausschließlich auf seinem Gut Sarvar in Ungarn lebte. Er kehrte erst wieder nach Bayern zurück, als ihm durch zuverlässige Gewährsleute berichtet wurde, dass die vorbereitete Gestapoaktion abgeblasen worden sei. Um nicht den Eindruck einer Flucht zu erwecken, hatte ihn die Kronprinzessin auf dieser Reise nicht begleitet. Sie begab sich mit den Kindern nach Hohenburg zu ihrer Mutter, wo sie sich auf dem Grund der großherzoglichen Familie von Luxemburg vor einem Zugriff der Gestapo allgemein in Sicherheit fühlen konnten. Zudem war sie seit Herbst 1934 wieder schwanger, was noch mehr dazu beitrug, besorgt in die Zukunft zu schauen. Als dann am 20. Juni 1935 Prinzessin Sophie geboren wurde, waren für Kronprinzessin Antonia die erneuten Mutterfreuden eine willkommene Ablenkung von den sie umgebenden politischen Ereignissen. Doch auch die ständig drohende Gefahr, in der sich Frau und Kinder befanden, konnten den Kronprinzen nicht davon überzeugen, sich ins Ausland abzusetzen, zu sehr hatte er sich auf die Möglichkeit eingestellt, dass das Nationalsozialistische System früher oder spä-

Die Kronprinzessin 1935 mit ihrer jüngsten Tochter Sophie

Familientreffen im Tegernseer Schloss anlässlich des 70. Geburtstages von Herzogin Marie-Josée von Bayern am 19. März 1937

ter an seinen eigenen Unwahrheiten und Lügengeflecht zu Grunde gehen müsse. Um Bayern vor einem erneuten Vakuum wie 1919 zu bewahren, wurden in Leutstetten heimlich Vorbereitungen getroffen, im Falle eines Sturzes der Nationalsozialisten die Führung bei einer Neuordnung zu übernehmen. Hierzu gelang es dem Kronprinzen, drei hervorragende Männer zu gewinnen, die sich ihm zur Verfügung stellten: den früheren Reichswehrminister, Dr. Otto Geßler, den früheren bayerischen Gesandten in Berlin, Franz Sperr und den früheren bayerischen Handelsminister Dr. Eduard Hamm. Im Geheimen wurden in diesem auf Vertrauen und Zuverlässigkeit gegründeten engen Kreis die wichtigsten staatspolitischen und staatsrechtlichen Vorbereitungen in die Wege geleitet und weitere Persönlichkeiten gefunden, die für die Besetzung wichtigster Stellen geeignet waren. Später, als sich Kronprinz Rupprecht bereits im Ausland befand, entstanden Verbindungen mit anderen Widerstandgruppen, auch mit solchen, die später mit den Ereignissen des 20. Juli in Verbindung gebracht wurden, was die Verhaftung von Geßler, Sperr und Hamm zur Folge hatte, wobei Hamm und Sperr hingerichtet wurden.

Im Frühjahr 1939, als der Kronprinz zur Überzeugung gelangte, dass Hitler zum Krieg entschlossen sei, veranlasste er, um das drohende Unheil abzuwenden, einen ihm von früher bekannten englischen Diplomaten, nach München zu kommen. Er teilte dem Besucher seine Befürchtungen mit, um so im Rahmen seiner bescheidenen Möglichkeiten und ungeachtet der Todesgefahr, in die er sich dabei begab, wenigstens den Versuch zu unternehmen, das Seine zur Verhinderung einer Katastrophe beizutragen. Doch seine Bemühungen waren vergeblich.

Nun wurde die Lage auch für die Luxemburger in Hohenburg immer bedrohlicher. Am 22. Juni vermerkte Großherzogin Maria-Anna im Gästebuch neben »Abreise nach Berg« besorgt, aber zuversichtlich »alles wird sich finden!«.

Als dann Anfang August der Krieg außer Frage stand, entschloss sich Kronprinz Rupprecht, seine Ablehnung gegenüber dieser Politik dadurch zum Ausdruck zu bringen, dass er mit seiner Familie das Land verließ. Die Ausführung musste von langer Hand vorbereitet werden, wobei es seinem Kabinettchef oblag, den Exilaufenthalt überhaupt zu ermöglichen, ihn gegenüber dem Regime zu tarnen und nahe liegende Konsequenzen, wie sie sonst gegenüber Emigranten gezogen wurden, vom Kronprinzen selbst, vom Königlichen Hause und seinem Besitz abzuwenden. Mitte August begab sich der Kronprinz zu seinem Bruder nach Ungarn, die Kronprinzessin mit ihren Kindern nach Luxemburg. Hier trafen sie mit den bereits dort lebenden, älteren Kindern zusammen, denen Luxemburg die Möglichkeit gab, wenigstens einem Teil ihrer Schulausbildung nachzugehen.

Ungefähr zur gleichen Zeit gelang der Gestapo nach jahrelangen Ermittlungen und durch Verrat, die von Monarchisten getragene »Bayerische Widerstandsbewegung«, unter Führung von Freiherr von Harnier zu zerschlagen. Für die Gestapo lag nichts näher, den

Die kronprinzliche Familie Ende der 30er Jahre in München

*Schloss Fischbach in Luxemburg
(links)
Prinzessin Irmingard mit zwei ihrer
Schwestern, Hilda und Gabriele, auf
Schloss Fischbach bei Großherzogin
Charlotte von Luxemburg (rechts)*

Kronprinzen mit diesen »Hochverrätern« in Verbindung zu bringen und so den langen erstrebten Schlag gegen die verhassten Wittelsbacher auszuführen. Das Ziel der Vernehmungen des in Leutstetten zurückgebliebenen Personals war es, einen Zusammenhang der monarchistischen Gruppe mit dem Kronprinzen nachzuweisen. Außerdem behauptete die Gestapo, dass die erfolgten Verhaftungen von nun mehr als hundert Monarchisten der eigentliche Grund für die Abreise des Kronprinzen und seiner Familie gewesen sei, womit die Abreise selbst zur Flucht gestempelt werden sollte.

*Kronprinzessin Antonias Kinder
1939 im großherzoglichen Palais in
Luxemburg*

Am 1. September 1939 marschierten Hitlers Truppen in Polen ein. Der Zweite Weltkrieg hatte begonnen.

Sofort ließ der Gauleiter Schloss Leutstetten als Unterkunft für Flüchtlinge beschlagnahmen, Flüchtlinge, die allerdings dort nie ankamen. Hofmarschall Baron Redwitz protestierte energisch: Jeder Deutsche habe ein Recht auf Wohnung und Leutstetten bilde derzeit die einzige Wohnung des Kronprinzen, nachdem das große Leuchtenberg-Palais infolge der Kohlenrationierung nicht mehr beheizbar war. Doch die Antwort lautete, dass »der« (gemeint war der Kronprinz) hingehen möge, wohin er wolle. Das war bezeichnend für die Art, in der man jetzt mit dem Kronprinzen umzugehen pflegte. Es entsprach aber mehr oder weniger den Erwartungen des Kronprinzen, nur dass damit nun die Partei selber den Grund für sein Exil geliefert hatte. Für die Kronprinzliche Familie wurde die Lage immer ernster. Es musste durchaus damit gerechnet werden, dass unter dem Deckmantel einer »Kriegsnotwendigkeit« irgendein vernichtender Anschlag auf Kronprinz Rupprecht und die Seinen hätte durchgeführt werden können; dies umso mehr, da die Gestapo ja immer noch damit beschäftigt war, ihm eine Verbindung zur Widerstandsgruppe Harnier nachzuweisen, die im August aufgeflogen war. Baron Redwitz gelang es zwar, solche Vermutungen einer Verbindung zu zerstreuen, da die Gestapo aber der Meinung war, der Kronprinz habe sich durch seine »Flucht« nach Ungarn einer Aufklärung des Sachverhaltes und der Verfolgung entziehen wollen, hielten der Baron und Erbprinz Albrecht es für bes-

Schloss Leutstetten am Starnberger See

ser, wenn der Kronprinz so schnell als möglich wieder nach Bayern zurückkehren würde. Beim Verhör im Leuchtenberg-Palais wurde in der Sache dann festgestellt, dass der Kronprinz zwar Harnier – ebenso wie viele andere Bekannte und alte Soldaten – in Leutstetten empfangen, von einer Organisation aber keinerlei Kenntnis hatte. Es war klar, dass dabei die Aussagen des Kronprinzen selbstverständlich genau denen entsprechen mussten, die vorher Baron Redwitz bei seinen langen Verhören gemacht hatte. Tatsächlich konnte Redwitz schon nach wenigen Tagen aus der Gestapo erfahren, dass dort die Angelegenheit, soweit sie den Kronprinzen betraf, als erledigt angesehen wurde.

Am 24. September verließ Großherzogin Maria-Anna Schloss Hohenburg, um zu ihrer Familie nach Luxemburg zu fahren. Beim Abschied im Schloss vermerkte sie ins Gästebuch: »Ins Ungewisse« – es sollte ihr letzter Eintrag bleiben.

Im November 1939 feierte König Viktor Emanuel seinen 70. Geburtstag, eine gute Gelegenheit, über eine Einladung des Königs die Familie außer Landes zu bringen, damit seine Frau und die Kinder nicht weiterhin der schrankenlosen Willkür der Hitler-Schergen ausgesetzt waren. Der Kronprinz plante die Übersiedelung nach Italien, um sich unter den Schutz des dortigen Königshauses zu stellen, dessen Souveränitätsbereich in Anbetracht des »Achsenbündnisses« zumindest vorläufig von Hitler respektiert werden würde. Bald darauf erfolgte in aller Form vom italienischen König eine offizielle Einladung, zu deren Wahrnehmung man ihm, wenn auch missmutig, die Ausreiseerlaubnis erstellen musste.

Am Silvesterabend 1939 verließ der Kronprinz Bayern, in der Erwartung, dass seine Familie von Luxemburg über Frankreich nach Italien nachkommen würde. Es kamen aber ernste Bedenken gegen einen solchen Plan auf: Eine unmittelbare Reise nach Italien könnte wieder als Flucht angesehen werden und, so fürchtete man, sofort schärfste Maßnahmen der Gestapo gegen alle noch in Deutschland lebenden Verwandten des Hauses Wittelsbach und möglicherweise auch des Luxemburger Hauses auslösen. Man hielt es für klüger, wenn Antonia erst nach München zurückkehren und dort ebenfalls eine offizielle Einladung an den italienischen Königshof abwarten würde. Diese Lösung hatte sich beim Grenzübertritt des Kronprinzen bewährt und vorerst bei der Gestapo keinerlei Argwohn geweckt. Als dann Anfang 1940 die Einladung von Königin Helena von Italien in München eintraf, wurden für die Kronprinzessin und

Großherzogin Maria-Anna besorgt, aber im Vertrauen darauf, dass sich alles finden wird, wie sie unter dem Datum des 22. Juni 1939 im Hohenburger Gästebuch vermerkte

ihre Kinder anstandslos die erforderlichen Auslandsreisepässe ausgestellt. Doch am Tag der Abreise wurden diese Pässe ohne Angabe
von Gründen zurückgezogen, was bedeutete, dass sie weder nach
Luxemburg zurückkehren noch nach Italien einreisen konnten.
Hilflos stand Antonia dieser neuen Lage gegenüber, der Berater
des Kronprinzlichen Hauses, Baron Redwitz konnte wegen einer
schweren Lungenentzündung nicht eingreifen und so beschloss die
Sekretärin, Lina Maier, die verantwortliche Behörde auf die sehr
weit reichenden politischen Folgen dieser Vorgehensweise aufmerksam zu machen, immerhin handelte es sich um die Tochter eines
neutralen ausländischen Fürstenhauses und um die Befolgung einer
offiziellen Einladung von Seiten des Fürsten einer befreundeten
Nation. Die Passentziehung müsse so von zwei Seiten als Brüskierung empfunden werden und könnte durchaus die Stimmung des
gesamten neutralen Auslandes zu Ungunsten Deutschlands erheblich beeinträchtigen. Da die Münchner Behörden hierdurch Unannehmlichkeiten mit der Reichskanzlei und dem Auswärtigen Amt
befürchten mussten, wurden ihr die Pässe wieder ausgehändigt und
umgehend die Reise nach Italien angetreten. Am Brenner wartete
ein Salonwagen mit dem Vertreter des italienischen Königshauses,
aber offenbar war die Aufhebung der Ausreisesperre noch nicht
übermittelt worden, jedenfalls versuchte die Gestapo die Kronprinzessin und ihre Kinder an der Weiterreise zu hindern. Antonia protestierte und verwies auf die ihr ausgehändigten Papiere. Auch der
Vertreter des italienischen Hofes verwahrte sich im Namen des
Königs gegen eine derartige Rechtsverletzung und drohte mit sofortigen Schritten seiner Regierung bei Hitler, was für die verantwortlichen Beamten die unangenehmsten Folgen haben würde. Achselzuckend gaben sie den Weg frei mit der Bemerkung an die Kinder:
»Ihr gehört alle miteinander umgebracht!«

Der Kronprinz im Jahre 1940

Das war sozusagen der Abschiedsgruß der Heimat und hätte es
noch irgendeiner Rechtfertigung für die Ausreise bedurft, der Terrorstaat hatte sie hier selbst geliefert. In Rom wohnte die Familie im
Hotel Eden, inmitten einer weitläufigen Parkanlage. König Umberto und seine Frau, Königin Elena luden die Kronprinzliche Familie
zwei Mal in den Quirinal-Palast ein, was jedes Mal für Verwirrung
sorgte. Die Kronprinzessin erhielt zwar von ihrer Schwester aus
Luxemburg immer wieder finanzielle Unterstützung, was jedoch bei
einer so großen Familie nicht bedeutete, dass sie über viel Geld verfügte. So bestand kaum die Möglichkeit, sich und den Kindern eine

Papst Pius XII., ein enger Freund der Familie, unterstützte die Kronprinzessin und ihre Kinder während ihres Aufenthaltes in Italien

passende Garderobe zu besorgen. Beim ersten Besuch erschienen die Prinzessinnen in ihrer Internatskleidung, für den zweiten Besuch wurden aus recht günstigen Stoffen neue Kleider geschneidert, was, wie sich Prinzessin Irmingard erinnert, in einem modischen Chaos endete. Doch das Königspaar war sehr entgegenkommend und störte sich nicht an passender oder gar unpassender Kleidung, genau so wenig wie später Papst Pius XII. solche Nebensächlichkeiten störten, als er die Familie zur Audienz und zur Feier einer Seligsprechung in den Vatikan einlud. Eugenio Pacelli, so der bürgerliche Name von Pius XII., der Anfang der zwanziger Jahre päpstlicher Nuntius in München war, hatte das Kronprinzenpaar in Lenggries getraut und blieb, auch nachdem er zum Papst gewählt worden war, ein enger Freund der Familie, was sich nun als Segen erwies. Den Rom-Aufenthalt nutzte der Kronprinz vor allem, seinen Kindern die römische Kunst und Geschichte näher zu bringen. Er kannte die Stadt von früher her und konnte fließend Italienisch. Die Kronprinzessin war vor allem an den Gemäldesammlungen interessiert. Um die zwei ältesten Mädchen mit der Sprache vertraut zu machen, besuchten sie Kurse in einem Internat des Klosters Sacré Coeur, nahe dem Vatikan.

Wenig später durfte auch Erbprinz Albrecht nach Ungarn ausreisen und Baron Redwitz konnte aufatmen: Vorerst war die Königliche Familie in Sicherheit und der feindseligen Willkür entzogen. Zunächst sollte es keine Handhabe für Repressalien mehr geben.

Eine Schwierigkeit stand aber noch bevor: Ende März 1940 wurde Prinz Heinrich, der älteste Sohn der Kronprinzessin 18 Jahre alt und damit wehrpflichtig. Das Wehrbezirkskommando hatte für ihn die Erlaubnis der Ausreise nur erteilt gegen die Zusicherung, dass er einem Einberufungsbefehl Folge leisten werde, dem sollte und konnte sich der junge Prinz nicht entziehen. Doch es kam zu einer Überraschung, am Brenner wurde ihm die Einreise verweigert. Aber auch dem Kronprinzen und seiner Familie verweigerte man das Rückreisevisum nach Deutschland. Diese Haltung war später mit ein Grund beim Scheitern des Versuchs, dem Kronprinzen ein Ausbürgerungsverfahren anzuhängen, was die Enteignung der Königlichen Familie zur Folge gehabt hätte.

Am 10. Mai 1940 marschierten deutsche Truppen im neutralen Luxemburg ein. Über Frankreich, Spanien, Portugal und England ging die großherzogliche Familie ins Exil nach Kanada und Amerika. Einige Berater hatten der Großherzogin einen Verbleib in

Luxemburg nahe gelegt, andere rieten ihr zur Flucht. Mit ihrem berühmten Ausspruch: »Mein Herz sagt ja, doch mein Kopf sagt nein!« entschloss sich die Großherzogin zur Ausreise. Zusammen mit den Alliierten wollte sie bessere Voraussetzungen schaffen, um Luxemburg aus den Fängen der Nazis zu befreien. Unermüdlich setzte sie sich dafür ein, den Alliierten klar zu machen, dass der souveräne und neutrale Staat Luxemburg unter keinen Umständen bereit sei, diesen Status, zu welchem Zwecke auch immer, aufzugeben. Der großherzoglichen Familie folgte auch ihre Schwester Hilda und ihr Mann Fürst Adolph von Schwarzenberg ins Exil. Wie die Kronprinzliche Familie von Bayern waren auch die Schwarzenbergs überzeugte Gegner Hitlers. Fürst Schwarzenberg, der sich als tschechischer Patriot verstand, hatte 1937 dem tschechischen Präsidenten Benes eine Million Kronen aus seinem Privatbesitz zur Sicherung der Grenze gegen die Nazis zur Verfügung gestellt. Beim Einmarsch Hitlers in Wien ließ er sein Palais Trauer beflaggen und aus Protest gegen die Judendiskriminierungen in seinem Park Schilder »Juden willkommen« anbringen. Nach Beschlagnahmung seines Vermögens durch die Gestapo verließ er mit seiner Frau Hilda Europa und begab sich zu ihrer Schwester Charlotte nach Kanada. Sein Adoptivsohn Heinrich wurde von den Nazis geschnappt und ins Konzentrationslager Buchenwald deportiert.

Auch in Hohenburg wurde das verwaiste Schloss von den Nazis besetzt. Gräfin Lynar, die sich in der Abwesenheit der Luxemburger zusammen mit der Schlossverwaltung um alle anfallenden Probleme gekümmert hatte, wurde zum Auszug gezwungen. Alles Inventar wurde zusammengeräumt, um Platz für die Staatlichen Archive zu schaffen. Auch Teile der Münchner Kunstsammlungen sollten hier untergebracht werden, in der Hoffnung, dass bei etwaigen Feindangriffen dieses sich im Besitz eines ausländischen Fürsten befindliche Schloss verschont bliebe. Die Überwachung der ausgelagerten Objekte wurde von Mitgliedern der Marine übernommen. Am Luxemburger Inventar wagte sich keiner zu vergreifen, lediglich die Archivalien zur Hofmark und Gutsherrschaft Hohenburg wurden in die Abteilung Kreisarchiv München des Bayerischen Hauptstaatsarchivs gebracht.

Der Kronprinz und seine Familie nahmen die Gastfreundschaft des italienischen Königspaares nur für kurze Zeit in Anspruch und ließen sich dann in Florenz nieder.

Großherzogin Charlotte 1940 nach ihrer Ankunft in Kanada

Großherzogin Charlotte, Prinz Felix und Erbgroßherzog Jean im Exil in Kanada

*Kronprinzessin Antonias Ausweis-
papiere nach Italien vom 5. November 1942*

*Gräfin Pauli Bellegarde, die treue
Begleiterin der Kronprinzessin
(links)
Die Familie des Kronprinzen zu Beginn des Zweiten Weltkriegs (rechts)*

Baronin Marion Franchetti stellte dem Kronprinzenpaar ihre »Villa Bellosguardo« oberhalb von Florenz zur Verfügung. Die Baronin war eine gute Bekannte des Kronprinzen, ihre Schwester war mit dem Münchner Maler von Lenbach verheiratet, wohl einer der Gründe, dass in dem Hause viele Künstler verkehrten. Als sich ein längerer Aufenthalt in Florenz abzeichnete, wollte der Kronprinz die Gastfreundschaft der Baronin doch nicht zu lange in Anspruch nehmen und so entschloss man sich in die Innenstadt von Florenz zu ziehen. In der Via S. Nicolo fand er zusammen mit Heinrich Quartier in der Pension von Baron Fraunberg. Die Kronprinzessin quartierte sich mit den Töchtern in der Pensione Rigatti am Lungarno ein.
Über diese Zeit schrieb der Kronprinz in seinen Aufzeichnungen:

Meine Frau war nach Perra di Fassa gefahren, da sie das Klima von Florenz und den dortigen Staub nicht vertragen konnte. Von unseren Mädchen kam die Jüngste, Sophie, in das Florentiner Institut des Sacré Coeur, wo auch ihre Schwester Gabriele als externe Schülerin Unterricht erhielt. Sie wohnte mit Hilda, Editha und der Gräfin Bellegarde in einer Pension am anderen Arno Ufer, nur fünf Minuten von meiner Behausung entfernt. Hilda interessierte sich für Musik und Literatur und vervollkommnete ihre Kenntnisse der französischen Sprache.
Editha hatte nach der Rückkehr von Forte das Gymnasialabsolutorium bestanden. Sie beschloss, Medizin zu studieren, erkrankte aber, kaum von einer epidemisch auftretenden Gelbsucht genesen, an einer Rippenfellentzündung, wodurch der Beginn ihres Studiums verzögert wurde.

Sorgenvolle Blicke in eine unbekannte Zukunft: Kronprinzessin Antonias Kinder in Italien

Prinzessin Irmingard mit Schwester Oberin in Ponte Emma

Am wenigsten Neigung zu irgendwelchem Studium hatte Irmingard, dafür aber ein ausgesprochen zeichnerisches Talent. Es wurde damals nicht ausgebildet, da meine Frau fürchtete, es könnte dabei Dilettantismus herauskommen. So brachten wir Irmingard in einem Haus des Neustiftes bei Brixen unter, wo sie bei den Tiroler Klosterschwestern Hauswirtschaft lernen und, was ihr am meisten Freude machte, sich mit der Hühner- und Kleintierzucht vertraut machen sollte.

Der sehr begabte Prinz Heinrich nahm das Rechtsstudium an der Universität Florenz auf. Er weilte in den Exiljahren fast ununterbrochen beim Vater und leistete ihm alle Dienste eines gewandten und hilfsbereiten »Privatsekretärs«. An Weihnachten versammelte sich die Familie in Brixen, wo die Kronprinzessin nun einen großen Teil des Jahres verbrachte. Das Leben im Exil war recht bescheiden, da die Devisenüberweisungen aus München stets knapp bemessen waren. Für eine notdürftige Lebenshaltung war es aber meist ausreichend.

Völlig isoliert von ihrer im Exil lebenden Familie, lebte in Niederaichbach Prinzessin Elisabeth, die Witwe des Prinzen von Thurn und Taxis, wo sie sich weiter um die Erziehung ihrer Kinder und um die Krankenpflege kümmerte. Einzig zu ihrer Schwester Sophie, die mit ihrer Familie in Sachsen verblieben war, hatte sie noch Kontakt. Beide Prinzessinnen versuchten sich gegenseitig zu ermutigen, in der Hoffnung, dass bald wieder bessere Zeiten eintreten werden. Im Mai 1941 verabredeten sie sich in München, um an einer Kunstauk-

Am 24. Mai 1941 verstarb in München Kronprinzessin Antonias Schwester, Prinzessin Sophie von Sachsen (links)
Die Kinder der Kronprinzessin 1942 in den Dolomiten (rechts)

1942 verstarb Großherzogin Maria-Anna im Exil

tion teilzunehmen, doch für die Prinzessin von Sachsen sollte es ihre letzte Reise werden. Nach drei Tagen Aufenthalt in München bekam sie plötzlich hohes Fieber. Es stellte sich heraus, dass es sich um eine schwere Lungenentzündung handelte und obwohl sie sofort in ärztliche Behandlung kam, verstarb sie völlig unerwartet am 24. Mai an den Folgen einer Lungenembolie. In aller Stille wurde sie in der katholischen Hofkirche in Dresden beigesetzt.

Auch im amerikanischen Exil schlug das Schicksal hart zu. 1942 wurde Großherzogin Maria-Anna, die Mutter der Kronprinzessin schwer krank, ein schwerer Schlag für ihre Tochter Charlotte, war es doch gerade ihre Mutter, die ihr bei ihren schweren Aufgaben stets die nötige Stütze gab. Sie erholte sich nicht mehr und verstarb am 1. August 1942 im New Yorker Exil. Vorläufig wurde sie in der Krypta der Kapelle des »Calvary Cemetery« zur letzten Ruhe gebettet. Erst nach dem Krieg, am 22. Oktober 1947 wurde sie in die großherzogliche Gruft der Kathedrale von Luxemburg überführt.

Der Krieg tobte unerbittlich weiter und Prinzessin Iniga, die Tochter Elisabeths von Thurn und Taxis musste zum Arbeitsdienst, Sohn Anselm, ihre Stütze und Hoffnung, wurde einberufen. Ende 1943 musste er nach Russland. Am Todestag seines Großvaters Großherzog Wilhelm von Luxemburg, am 25. Februar 1944 zerfetzte eine Granate sein junges Leben. Prinzessin Elisabeth erhielt die Nachricht von seinem Tod am St. Josefstag. Innerlich zerbrochen widmete sie sich nun noch mehr als bisher den Armen und Kranken. Als Niederaichbach immer mehr unter Beschuss geriet, nahm sie die

Einwohner des Ortes bei sich auf, auch später stellte sie das Schloss für die unzähligen Flüchtlinge zur Verfügung. Sie scheute keine Mühe und Not, sich für die anderen einzusetzen, verständlich, dass Marie Knaff sie mit den Worten »Sie hieß nicht nur Elisabeth, sie wurde zu einer wahren Elisabeth« beschrieb.

WIDERSTAND GEGEN DIE NAZIS

Auch im Exil wurde der Kontakt des Kronprinzen zum Widerstand in Deutschland nicht unterbrochen, regelmäßig empfing er in Florenz Bekannte, die ihn über die politische Lage unterrichteten. Der Kronprinzessin waren diese Kontakte unheimlich, weil sie befürchtete, dass das politische Engagement des Kronprinzen sie alle gefährden könnte. Lange wurde überlegt, wo die Kinder am sichersten untergebracht werden könnten, wobei der Kronprinz den Vatikan als neutrales Gelände vorschlug. Doch Kronprinzessin Antonia war skeptisch. Was war, wenn die Deutschen und Mussolini den Vatikan besetzten? Sie tendierte mehr zu einem Zufluchtsort in den Südtiroler Bergen, in der Nähe der Grenze zur neutralen Schweiz. Die Sommermonate 1940 hatte man am Meer verbracht, in Forte dei Marni, einem kleinen Ort zwischen La Spezia und Viareggio. Auch Antonias Schwester Hilda und ihr Mann, Fürst Adolph Schwarzenberg gesellten sich dazu. Aber lange sollte die ungetrübte Ferienstimmung nicht andauern. Die deutsche Marine lag im

Letzte Aufnahme von Prinzessin Elisabeths Sohn, Prinz Anselm von Thurn und Taxis. Kurze Zeit später, am 25. Februar 1944, wurde sein junges Leben durch eine Granate in Russland beendet

Die Familie des Kronprinzen 1943 in Florenz

Kronprinzessin Antonias Kinder 1943 in Florenz

Hafen von La Spezia und in Forte selber war ein großes Kranken-haus zu einer Kaserne umgebaut worden. Glücklich, wieder die eigene Sprache zu hören, unterhielten sich die Kinder mit den Matrosen, ein gefährliches Unterfangen, das von Gräfin Bellegarde mit dem Argument »Deutsche und Nazis sind für die Bevölkerung nicht zu unterscheiden« sofort unterbunden wurde.

Im Herbst zog die Kronprinzessin mit Gräfin Pauli Bellegarde und den Kindern nach Brixen, ein gemütliches kleines Städtchen in Süd-tirol. Für kurze Zeit wohnten sie im Hotel Elephant, dann quartier-ten sie sich in der Pension Grasser ein. In Brixen besuchten die Mädchen eine Schule der Englischen Fräulein. Der Kronprinz und Prinz Heinrich blieben in Florenz, kamen aber im Dezember nach Brixen, um mit der Familie das Weihnachtsfest zu feiern. Auch Fürst Schwarzenberg und Antonias Schwester Hilda mit ihrem Adoptiv-sohn Heinrich sowie Prinzessin Adelgunde gesellten sich dazu. Ge-meinsam besuchten sie die Mitternachtsmesse im Brixener Dom. In der Pension hatten sie einen kleinen Weihnachtsbaum aufgestellt, zu dem Familie Gasser Weihnachtsgebäck legte. Bis Neujahr blieb man zusammen, letzte gemeinsame Tage, wenig später zogen die Schwarzenbergs ins Exil.

So oft das Studium es zuließ, gesellte sich Prinz Heinrich zu seinen Schwestern. Dann unternahmen die Kinder Touren ins Gebirge oder in den Wintermonaten mit alten schweren Holzski Skilauf am Sella-Pass.

Anfang 1942 kam Prinzessin Irmingard von Brixen nach Padua. Die Oberin der Brixener Klosterschule hatte sie dort ans Mutterhaus empfohlen, um nach dem Handelsdiplom in Brixen, in Padua das Abitur nachholen zu können. Zusammen mit Albrecht besuchte sie die Kronprinzessin und verbrachte mit ihr zwei Tage in Padua.

Im darauf folgenden Sommer spitzte sich die Lage wieder zu. Die Kronprinzessin war mit Gräfin Pauli Bellegarde und den Kindern wieder nach Südtirol gereist, wo sie sich in S. Martino di Castrozza niederließen. Prinzessin Irmingard blieb in Padua. In Südtirol hatte die Kronprinzessin eine Schwedin, Ri Palmquist, kennen gelernt und sich mit ihr angefreundet. Sie konnte nicht nach Schweden zurück, da es unmöglich war, Geld für die Reise aus Schweden zu bekommen. Sie war sehr musikalisch und hielt sich finanziell mit Geigenunterricht über Wasser. Diese besuchte die Kronprinzessin, als Irmingard nach S. Martino kam. Da sie ihre Mutter unbedingt sehen wollte, radelte sie bis Bozen und von dort aus über den Pass

Erbprinz Albrecht, Prinzessin Irmingard, die Kronprinzessin und Prinz Heinrich 1943 in Padova

nach Modena im Fassa-Tal. Oben am Pass erschienen plötzlich im Nebel zwei Gestalten, die sie an der Weiterfahrt hindern wollten. Es waren Partisanen, die gegen das faschistische Regime und die deutsche Besatzung kämpften, was die Prinzessin aber nicht ahnte. Sie erklärte ihnen, dass sie zu ihrer schwer kranken Mutter müsse und wurde durchgelassen. Bei der Kronprinzessin angekommen, merkte sie sofort die gespannte Stimmung. Ihre Mutter erklärte ihr, dass sie bereits alle unter Beobachtung der SS stünden und riet ihr so schnell wie möglich wieder zu verschwinden. Vor der Abfahrt deutete sie ihr an, sich eventuell in der Schweiz wieder zu treffen und gab der Prinzessin als Kontaktadresse Fürstin Elsa von Lichtenstein an.

Doch zu einer Flucht in die neutrale Schweiz kam es nicht.

Ab Frühjahr 1943 erhielt die Familie immer wieder schlimme Nachrichten aus München. Die Stadt wurde bombardiert und am 11. März wurden dem Kronprinzen schwere Schäden am Leuchtenberg-Palais gemeldet. Hilflos musste er mit ansehen, wie sein Erbe in Schutt und Asche fiel. Wenig beruhigend war, dass in Erwartung der Bombardierung vieles an Mobiliar und Kunstgegenständen, die ihm und der Kronprinzessin teuer waren, in Sicherheit gebracht werden konnten. Da wegen der Nähe zum Hitlerschen Berghof nun auch Berchtesgaden in Gefahr geriet, bombardiert zu werden, wurde dieses Inventar in die abgelegenen Schlösser von Hohenschwangau und Herrenchiemsee ausgelagert.

Im Februar 1944 begab sich die Kronprinzessin von Brixen nach Florenz, »im Viehwagen«, wie der Kronprinz am 26. Februar schrieb, »Da es keinen Schwefel mehr gibt, feiern die Wanzen in der Pension, in der meine Frau mit den Töchtern (lebt), wahre Orgien. Von den Wanzenstichen abgesehen, alles wohl.«

Durch das stete Vorrücken der britischen und amerikanischen Armeen von Süditalien her mussten erneut Vorkehrungen zur Sicherheit der Familie getroffen werden. Hierzu hatte der Kronprinz den Wunsch, nach Rom zu ziehen, wo sie nötigenfalls sehr schnell hätten in den Vatikan übersiedeln können. Doch Kronprinzessin Antonia litt stark unter der Hitze und hatte große Angst vor dem römischen Hochsommer. Sie glaubte, dass sie sich in den Tiroler Bergen nahe der Schweizer Grenze eben so gut als in Rom verbergen könnte. Auch konnte sie sich in ihrer Unbefangenheit nicht vorstellen, warum man ihr Böses antun sollte – ein folgenschwerer Irrtum. Am 18. April übersiedelte sie mit den vier jüngeren Töchtern und Gräfin Bellegarde nach San Martino di Castrozza, während Prinzessin Irmingard bei einer befreundeten Familie am Gardasee unterkam.

Wieder kam es in Deutschland zu Verdächtigungen gegen den Kronprinzen, dem man nun Kontakte zu England unterstellte, um ihn so in eine Spionageaffäre zu verwickeln. Dem voraus gegangen war eine Unterhaltung im »Freundeskreis«, bei der auch voller Sorge über die schweren Luftangriffe über Deutschland gesprochen wurde. Die eben erfolgte Zerstörung der Erfttalsperre wurde erwähnt, wobei die Rede auf das bayerische Walchenseekraftwerk kam mit der Befürchtung, dass eine Bombardierung weite Gebiete Oberbayerns überfluten und zerstören könnte, ein Szenario, dem der Kronprinz als Sachkenner widersprach: allein durch die Gebirgsstruktur im Walchenseegebiet bestehe kaum die Möglichkeit, auch nicht mit den stärksten Zerstörungsmitteln, den Hauptmassen des Wassers einen Weg ins Tal zu öffnen. Dieses durchaus harmlose Gespräch leitete ein Unbekannter an die faschistische Geheimpolizei weiter, die umgehend die Gestapo verständigte. Sogleich wurde der befreundete italienische Oberst Grammacini verhaftet und mehrere Wochen in Gefangenschaft genommen. Mit allen Mitteln sollte aus ihm das »Geständnis« herausgepresst werden, der Kronprinz habe Pläne zur Sprengung des Walchenseekraftwerks an die Engländer weitergeleitet, um ganz Oberbayern zu überfluten. Als die Gestapo mit keinen Plagen eine verleumderische Aussage herauspressen konnte, die eine Anklage gegen den Kronprinzen ermöglicht hätte, versuchte sie Grammacini zu veranlassen, wenigstens ein Schriftstück zu unterzeichnen, das Rupprecht von Wittelsbach als den »größten Feind Deutschlands« bezeichnen würde. Grammacini, am Ende seiner Kräfte, brach ohnmächtig zusammen, unterzeichnete das Papier aber nicht. Nach dreimonatiger Haft wurde er endlich entlassen.

Die abschließende Bemerkung, der Kronprinz habe sich zum »größten Feind Deutschlands« gemacht, kommentierte dieser in seinem Tagebuch mit den Worten: »Ich, der größte Feind Deutschlands! Ist es nicht vielmehr der Nationalsozialismus, der es in seinen Grundlagen erschüttert?«

Am 25. April 1944 erfuhr der Kronprinz zusammen mit den Glückwünschen zu seinem 75. Geburtstag, dass das Leuchtenberg-Palais bei einem Fliegerangriff bis auf die Grundmauern abgebrannt war. Ein Brief vom 11. Mai 1944 schloss mit den Worten: »Erfahre soeben den Untergang Münchens! Schauderhaft!«

Alle diese Vorkommnisse führten nun dazu, dass sich Rupprecht entschloss, nicht wie ursprünglich geplant, bei Heranrücken der gegnerischen Truppen sich nach Oberitalien zurückzuziehen, sondern in Florenz zu bleiben und in einem unbenutzten Landhaus von Oberst Grammacini Zuflucht zu nehmen. Hierzu vermerkt er in seinem Tagebuch:

Das zerstörte Kronprinzenpalais in München

Die zerstörte Münchner Residenz

Für unsere Sicherheit schien mir insbesondere der Umstand zu bürgen, dass nach der Verhaftungsgeschichte wegen des Walchensees kaum jemand annehmen würde, dass ich ausgerechnet bei Grammacini Unterschlupf gesucht hätte. Ich verabschiedete mich also von verschiedenen Leuten, gab vor, mit einem mir zur Verfügung gestellten Privatauto nach Meran reisen zu wollen, und ließ unser Gepäck auf einem Handkarren nach der Gepäckabgabe der Eisenbahn schaffen, von wo es später auf einem anderen Handkarren nach der Via della Mantellate gebracht wurde.

Hier befand sich die Geheimwohnung des Kronprinzen, der von nun an ein unterirdisches Kellerdasein führen musste. Er durfte in seinem Versteck nicht einmal mehr aus dem Fenster sehen. Er war einfach spurlos verschwunden.

Prinz Heinrich hatte sich Anfang Sommer 1944 auf Wunsch des Vaters von diesem getrennt und nach Rom durchgeschlagen. Dass der Entschluss des Kronprinzen richtig war, haben die späteren Ereignisse gezeigt. Wie die ganze Familie wäre er wohl auch ins KZ gebracht worden, wobei er wahrscheinlich nicht mit dem Leben davongekommen wäre.

Am 20. Juli 1944 misslang in Deutschland ein Attentat auf Hitler. Infolge seiner guten Beziehungen zum Grafen Stauffenberg brachte man den Kronprinzen natürlich sofort wieder mit diesem Attentat in Verbindung. In sein Tagebuch notierte er:

Am 2. August erreichte mich die Kunde von dem verfehlten Attentat eines Obersten Graf Stauffenberg gegen Hitler, das Massenhinrichtungen der Teilnahme Verdächtiger zur unmittelbaren Folge hatte. Der Attentäter selbst war mir unbekannt, wohl aber kannte ich seit vielen Jahren seinen Onkel, der Großkanzler des bayerischen Ritterordens vom heiligen Georg war. Er hatte mir stets zu Neujahr und zu meinem Geburtstagsfeste geschrieben, was dank der über mich verhängten Briefkontrolle der Gestapo nicht entgangen war, die, wissend, dass ich öfters bei der Baronin Franchetti geweilt, dort um drei Uhr morgens nicht nur Nachforschungen nach meinem Verbleib anstellte, sondern auch fragten, ob nicht in letzter Zeit auch ein Graf Stauffenberg dort geweilt habe und die Vorlage des Fremdenbuches forderte.
Gleichzeitig vernahm ich, dass wenige Tage nach meinem Verschwinden ein Auto der SS an meiner bisherigen Wohnung vorfuhr, dem ein Beauftragter des Reichsführers SS entstieg, der sich erbot, mich nach Oberitalien zu bringen. Die Baronin Fraunberg sagte ihm, ich sei dahin bereits abgefahren.

Nachdem ich aber in Oberitalien nirgends aufzuspüren war, wurde in Florenz eine Nachsuche angeordnet.

Von seinem Versteck aus konnte der Kronprinz hören, wie täglich die Rollkommandos durch die Straßen fuhren: »Ich durfte meinem Schöpfer danken, den Klauen der Gestapo entronnen zu sein, denn zweifellos hätte man versucht, mich der Mitschuld an dem Attentat gegen Hitler zu bezichtigen«, notierte er hierzu in sein Tagebuch. Doch auch in Florenz wurde die allgemeine Kriegslage immer verworrener. Überall trieben Partisanengruppen ihr Unwesen, der Feind war vom Freund nicht mehr zu unterscheiden. Diesem Chaos fiel sein engster Verbündeter, Oberst Grammacini zum Opfer. Als er einem schwer verletzten Partisanen in seinem verunglückten Wagen zu Hilfe eilen wollte, wurde er mitten in Florenz auf der Straße erschossen. Ein schwerer Schlag für den Kronprinzen, der darüber hinaus noch an einer gefährlichen Darmentzündung erkrankte. Glücklicherweise gelang es dem Prinzen Heinrich, sich nach Florenz durchzuschlagen und den kranken Vater in das von den Alliierten besetzte Rom zu überführen. In der Obhut von Papst Pius XII. erhielt er die erforderliche Pflege. Seine angeschlagene Gesundheit wiederherzustellen war nicht leicht, denn nun musste er erfahren, dass die Gestapo, frustriert über die Ergebnislosigkeit ihrer Nachforschungen nach ihm, bereits Ende Juli 1944 die Kronprinzessin und ihre Töchter in ihrem Dolomitenasyl San Martino verhaftet und mit unbekanntem Ziel verschleppt hatten. Vergeblich versuchte er über das internationale Rote Kreuz Näheres über ihren Verbleib zu erfahren.

Die zerstörte Allerheiligen-Hofkirche in der Münchner Residenz

DIE WITTELSBACHER IM KZ

Die Wut, den Kronprinzen nicht gefunden zu haben, entlud sich nun in Racheakten an seiner Familie. Ein erschütternder Brief seiner Tochter Hilda, die ihrem Vater am 4. September 1945 aus Luxemburg schrieb, schildert den Leidensweg, den Kronprinzessin Antonia und ihre Kinder durchzustehen hatten:

Lieber Papa!
Wir sind froh, eine Schreibgelegenheit zu haben, wo man weiß, dass der Brief auch sicher ankommt, und gute Nachricht von Dir bekommen zu

Im Gebet und im Vertrauen auf die Patrona Bavariae wurde auch in den schwersten Stunden die Hoffnung auf das Ende des Terrors und die Befreiung nie aufgegeben

haben. Ich weiß nicht, ob Du schon Genaueres über unsere Festnahme gehört hast.

Wir wurden am 27. Juli 1944 in San Martino verhaftet. Das Einzige, worüber uns die Gestapo fragte, war: Wo Du wärest, mit wem Du in Florenz umgingest, denn Du hättest öfters den Stauffenberg empfangen, und so fiele der Verdacht auf Dich, in das Attentat vom 20. Juli verwickelt zu sein. Mama wurde andauernd verhört, ins Kreuzverhör genommen, und auch wir wurden öfters verhört. Unsere Aussage, dass wir nicht wüssten, wo Du seiest, da Du nicht in Meran angekommen wärest, wie wir erwartet hatten, schenkten sie keinen Glauben. Auch sagten sie, es wäre angegeben worden, dass Du nach Meran kämest und dort wären auch schon die Zimmer bestellt gewesen, aber man könne Dich nicht finden.

Am 13. August mussten wir von San Martino weg und wurden, da es wegen Mamas gesundheitlichem Zustand nicht anders möglich war, auf die Seiseralm gebracht und von dort nach Plan di Gralba. Dort erkrankte Mama an Rippenfellentzündung mit hohem Fieber. Als die Nachricht kam, dass wir in einer Stunde bereit sein müssten, nach Deutschland zu fahren, erklärten zwei Militärärzte Mama als nicht reisefähig. Trotzdem mussten wir am 5. Oktober fahren. Es war eine schreckliche Fahrt. Nach Innsbruck, wohin man sonst nur drei Stunden braucht, waren wir wegen Pannen zehn Stunden unterwegs. Als wir ankamen, war Mama schrecklich ermüdet.

Wir erfuhren, dass bestimmt worden war, dass wir von Mama getrennt und sofort weiterreisen sollten. Der Zug wurde unseretwegen eine Stunde lang angehalten, aber, Gott sei Dank, kamen wir doch wegen der vielen Pannen zu spät. Mama wurde ins Krankenhaus gebracht, wo sie Irmingard vorfand, die am Gardasee war. Sie war dort nachts mit schwerem Typhus und 41 Grad Fieber aus dem Bett geholt und nach Innsbruck gebracht worden. Wir übernachteten im Hotel, und so konnten wir Mama in der Frühe noch einmal sehen. Als wir weg mussten, erfuhr Mama nur, dass wir auf ein Schloss im Thüringer Wald kämen, wohin Irmingard später nachkommen würde.

In Weimar angekommen, blieben wir eine Woche, bis man uns sagte, wir kämen in ein Schloss in der Nähe von Berlin. Wir kamen aber dann nicht in ein Schloss, sondern am 13. Oktober 1944 in das KZ-Lager Oranienburg-Sachsenhausen bei Berlin. Nachbar von uns war Schuschnigg.

Nach einer Woche kam Albrecht mit Familie an. Sie kamen auf die andere Seite, durch Mauer und elektrisch geladenen Stacheldraht von uns getrennt. Wir sahen sie immer vom Fenster aus, mussten aber so tun, als ob wir sie nicht kennten. Strengstes Redeverbot! Erst nach 14 Tagen durften wir sie sehen. Sie waren in Ungarn verhaftet, und man hatte auch ihnen Schloss-

aufenthalt versprochen! Im Lager erfuhren wir dann, dass wir in Sippenhaft wären, und dies auf persönlichen Befehl Hitlers.

Ende Januar kam Irmingard an. Wir erkannten sie kaum, sie hatte alle Haare verloren. Irmingard brachte uns die letzte Nachricht von Mama. Mama war von ihr getrennt und nach Jena gebracht worden. Seitdem hörten wir nichts mehr von ihr.

Im Lager waren wir sehr streng gehalten, niemand durfte wissen, dass wir da waren und wer wir waren.

Ende Februar, als die Russen immer näher kamen, sagte man, dass wir von Oranienburg weg müssten. Man versprach uns, dass wir in ein Privathaus in den bayerischen Wald kämen. Jedes Versprechen war Lüge. Wir wurden in das Konzentrationslager Flossenbürg bei Regensburg gebracht, eines der ärgsten Vernichtungslager. Dort lebten wir zu zwölft in zwei Zimmern in einer der vielen Baracken. Es war eiskalt, da die dünnen Bretterwände voll Ritzen waren, durch welche der Wind blies, die Betten im allgemeinen Schlafsaal feucht, sodass man, trotzdem man die Kleider anbehielt, vor Kälte kaum schlafen konnte. Die Decken waren verdreckt und zerrissen. Den ganzen Tag saßen wir im Zimmer, nur eine halbe Stunde durften wir hinaus, und vom Hügel vor der Baracke sahen wir direkt zum Krematorium.

Täglich kamen Lastwagen voll Leichen an, die dort auf dem Boden gehäuft, entkleidet und verbrannt wurden. Die Luft war voll Rauch und Asche und der Gestank furchtbar. Überall sahen wir Tote und Halbverhungerte. Die Lazarettbaracke war am ärgsten. Dort lagen die Arbeitsunfähigen, Sterben-

KZ-Lager, Gemälde von Prinzessin Irmingard

*den und Toten durcheinander, ohne Pflege und Ernährung. Niemand küm-
merte sich um sie. Sie lagen auf Strohsäcken ohne Decken, die Baracke ohne
Fenster.*

*Wir sahen viele der Gefangenen, in den Abfalleimern und am Boden nach
Resten von rohen und halbverfaulten Kartoffeln suchen und sie essen. Wo
wir konnten, steckten wir ihnen Brot und anderes zu. Aber am Ende hun-
gerten wir selber. Die letzte Zeit lebten wir von wässriger Rübensuppe und
zwei kleinen Stückchen Brot. Auch in diesem Lager waren Schuschnigg mit
Frau und einem vierjährigen Kind unsere Nachbarn.*

*Als Albrecht die blutige Ruhr erwischte, mit drei Rückfällen, bekam der
Kommandant, ein verkrachter Füssener Tischler, Angst und brachte uns in
einem Haus außerhalb des Lagers unter. Dort wohnten wir in zwei Zimmern voll von Wanzen. Am Haus kamen täglich die Gefangenentranspor-
te vorbei. Viele starben am Weg.*

*Am 8. April wurden wir nach Dachau gebracht. Dort kamen wir mit 64
anderen Sippenhäftlingen zusammen. Die meisten waren Frauen und Kinder der Generäle von Stalingrad und der Männer vom 20. Juli. Auch mit
ihnen durften wir erst später verkehren. Nach kurzer Zeit kamen wir ins
Gebirge in die Nähe von Reutte. Dort verbrachten wir unsere Tage mit Kar-
toffelschälen, Küchendienst, Böden- und Zimmerreinigen.*

*Am 30. April wurden wir endlich von der dritten amerikanischen Armee
befreit.*

*Wir konnten kaum glauben, dass alles so gut ausgegangen war, da wir nie
gehofft hatten, lebendig aus den Lagern zu kommen. Zu viele wurden täglich umgebracht. Nebenbei war der Befehl Himmlers gegeben worden, alle
Häftlinge in- und außerhalb der Lager zu beseitigen.*

*Wir erkundigten uns sofort nach Mama, aber niemand wusste etwas. Am
22. Mai wurden wir durch Tante Lotti (Großherzogin Charlotte von
Luxemburg, Schwester der Kronprinzessin), die uns überall suchen ließ, von
den Amerikanern nach Augsburg gebracht und von dort per Flugzeug hier-
her. Hier fanden wir Mama in der Klinik. Auch Mama hatten wir nie erhofft,
wieder zu sehen. Sie war sehr krank. Durch Zufall fand sie ein Luxemburger
Offizier, der nach Luxemburgern suchte. Er benachrichtigte sofort Tante
Lotti, und so wurde sie auf schnellstem Wege mit dem Flugzeug hergebracht.
Mama wurde in Jena gefunden. Sie war dort in einer Klinik, die nichts
anderes als ein Gefängnis war. Als Pflegerin hatte sie eine fanatische nazis-
tische Morphinistin. Sie quälte Mama, wo sie nur konnte. Mama musste
täglich zwei Stunden mit ihr spazieren gehen, obwohl sie sich vor Schwäche
kaum schleppen konnte. Später ging es nicht mehr, und so blieb Mama
monatelang im Zimmer eingesperrt. Während der schweren Bombardierun-*

gen musste sie in den Keller, zusammen mit Schwerkranken und Sterbenden. Die Nahrung war so knapp, dass Mama halb verhungerte. Als sie ankam wog sie nur noch 36 Kilogramm! Dabei hatte sie schreckliche Sorgen, da sie ahnte, wo wir waren. Als wir Mama sahen, war sie nur Haut und Knochen und schrecklich schwach. Sie hat schrecklich viel durchgemacht.

Als die Amerikaner kamen, konnte Mama sich nur mit der größten Anstrengung und Überwindung zum Nachrichtenbüro schleppen und ihren Namen angeben. Wir mussten ja alle falsche Namen tragen. Mama hieß: Albertine Bingen. Wir alle hatten den Namen Buchholz.

Hier im Hospital bekam Mama sehr gute Pflege. Der Arzt sagte, sie wäre gerade noch rechtzeitig gefunden worden. Länger hätte sie nicht mehr durchgehalten. Gott sei Dank geht es Mama schon viel besser. Es wird allerdings noch lange brauchen, bis sie wieder gänzlich hergestellt ist. Mama ist zurzeit auf dem Lande, da sie größte Ruhe und Schonung braucht. Sie hat eine Schwester, die sie sehr gut pflegt. Wir sehen Mama manchmal. Es strengt sie

Der Zug der Häftlinge, Gemälde von Prinzessin Irmingard

*noch an, Leute zu sehen, und so wird ihr der Landaufenthalt sehr gut tun,
wo sie von niemandem gestört wird.*
*Tante Lotti sorgt so nett für uns alle. Wir setzen unseren französischen Unter-
richt fort. Editha assistiert im hiesigen Krankenhaus bei den Operationen.
Auch Gabriele hilft im Krankenhaus.*

*Viele, viele herzliche Grüße
Deine dankbare Hilda*

Wie aus dem Brief hervorgeht, wurden auch der Erbprinz und die
Erbprinzessin mit ihren vier Kindern durch die Konzentrationslager geschleppt. So wurden insgesamt zwölf Mitglieder des Hauses
Wittelsbach Opfer nationalsozialistischer Barbarei.
Die letzte Station der Inhaftierten war das Hotel Ammerwald zwischen dem Plansee und Schloss Linderhof. Als Sonderhäftlinge wurden sie hier einquartiert. Als die amerikanische Armee näher rück-
te, wurden die Nazis immer nervöser. Es kam das Gerücht auf, dass
die Häftlinge an die Russen ausgeliefert werden sollten, damit sie
nicht in die Hände der Alliierten fallen, oder man sie gar vergiften
wollte. Albrecht nahm heimlich Kontakt zu Franzosen auf, die am
Plansee im Hotel Forelle untergebracht waren, schilderte ihnen ihre
Lage und bat, so die Alliierten am Plansee erschienen, sie sofort zu
verständigen.
Eines Morgens waren die Nazis bis auf einen Aufpasser verschwunden, der den anrückenden Franzosen die Gefangenen ordnungsge-
mäß übergab. Wenig später trafen die Amerikaner ein. Da alle

*Erbprinz Albrecht von Bayern mit
seinem Sohn Franz und seiner Tochter Marie-Gabriele nach der Befreiung im Mai 1945*

Papiere vernichtet waren, versuchten sie den Befreiern mündlich
klar zu machen, wer sie waren, was in Linderhof, wo die Kronprin-
zen-Familie bekannt war, dann ohne Probleme bestätigt wurde.
Über den französischen General Verné als Mittelsmann gelang es
Prinzessin Hilda einen Brief an ihre Tante, Großherzogin Charlotte weiterzuleiten. Leider dauerte es noch einige Zeit, bis der Brief sie
in Luxemburg erreichte, dann aber ging alles ganz schnell. Ein junger amerikanischer Offizier namens Albert Metts holte sie ab. Über
Leutstetten, wo die Kinder Verwandte und Freunde wieder sahen,
ging es nach Augsburg, von wo aus sie eine Militärmaschine nach
Luxemburg brachte. Hier fanden sie die todkranke Kronprinzessin
wieder, die sich nur schwer erholte.

ANTONIAS BEFREIUNG

Bereits Ende April 1945 durchforschten internationale Rot-Kreuz-
Kommissionen die bereits befreiten und nun im Chaos versinken-
den deutschen Lande nach eigenen Staatsangehörigen. Auch das
befreite Luxemburg hatte einige solche Kommissionen entsandt.
Eine davon kam nach Jena, wo sich ein großes Sammellager befand,
in dem man ausländische Insassen des Konzentrationslagers Buchenwald zu einer ersten Pflege vorläufig untergebracht hatte. Als
sich der leitende Offizier der luxemburgischen Delegation beim
amerikanischen Besatzungskommandanten meldete, erhielt er den
merkwürdigen Hinweis, es habe soeben die Meldung über eine
schwer kranke Frau erhalten, namens Albertine Bingen, die von sich
behaupte, sie sei eine geborene Prinzessin von Luxemburg und
Angehörige des bayerischen Königshauses, der Name Albertine
Bingen sei ihr lediglich von der Gestapo als Deckname aufgezwun-
gen worden. Der Offizier ließ sich zu der Kranken bringen und fand
eine seelisch und körperlich völlig gebrochene Frau, deren Gewicht
nur noch knapp 72 Pfund betrug. Teilnahmsvoll versuchte er ihre
mühsam hervor gestoßenen, zusammenhanglosen Angaben zu ver-
stehen. Sie genügten, ihm schnell die Klarheit zu geben, dass er hier
wirklich eine Tochter des großherzoglichen Hauses vor sich hatte.
Sofort wurde per Funk die Großherzogin in Luxemburg verständigt,
die umgehend mit einem Krankenwagen, Arzt und Pflegepersonal
die Kronprinzessin nach Luxemburg überführen ließ. Außerdem
bat sie die amerikanische Besatzungsbehörde und die Rot-Kreuz-

*»Der zerbrochene Spiegel« als
Metapher der Leiden ihrer Mutter,
Gemälde von Prinzessin Irmingard
von Bayern*

*Die Prinzessinnen Editha, Hilda,
Gabriele, Irmingard, Sophie und
Gräfin Pauli Bellegarde vor ihrem
Abflug nach Luxemburg*

dienststellen, auch nach Antonias Kindern und ihrem Mann Ausschau zu halten. Ende Mai waren die Kinder in Sicherheit, nur vom Kronprinzen und seinem Sohn Heinrich fehlte jede Spur. Es musste befürchtet werden, dass sie doch Opfer der Gestapo-Verfolgung wurden. Doch dann kam die erlösende Nachricht aus München, dass sich der Kronprinz zwar ungefährdet in Rom befinde, auf alliierten Befehl die Stadt aber vorerst nicht verlassen dürfe.

Als sich der deutsche Zusammenbruch immer deutlicher abzeichnete, versuchte Kronprinz Rupprecht durch eine Reihe von Denkschriften, den Siegermächten eine Beurteilung Deutschlands, aus den historischen Wurzeln heraus, anzuempfehlen. Nicht bloß zwei Jahrzehnte unverzeihlichen Terrors, sondern auch Jahrhunderte großer europäischer Geschichte sollten bei ihrer Beurteilung in die Waagschale gelegt werden. Im Herbst dann traf er endlich in München ein, wo er nach mehr als einjähriger qualvoller Ungewissheit den Brief seiner Tochter Hilda vom 4. September 1945 erhielt.

Was alles in der Zwischenzeit passiert war, schilderte Prinz Heinrich in einem Brief vom 23. Mai 1945:

Nach langem Schweigen bietet sich mir heute zum ersten Male die Möglichkeit, wieder Verbindung aufzunehmen. Ich bin seit kurzem in Rom, und mir bietet sich die Gelegenheit, Prälat Neuhäusler zu sprechen und ihm diesen Brief anzuvertrauen. Leider erwarte ich meinen Vater erst morgen Abend in Rom, es wird also für ihn zu spät zu schreiben, da Prälat Neuhäusler schon mittags abreist. Ich konnte mich also nicht mit meinem Vater besprechen.

Wiedersehen von Prinz Heinrich mit seinen Schwestern Irmingard, Hilda und Sophie auf Schloss Fischbach in Luxemburg

Prinz Heinrich und die Prinzessinnen Irmingard, Hilda und Sophie von Bayern mit einem ihrer amerikanischen Befreier und drei Luxemburger Kusinen auf Schloss Fischbach

Ich gehe in Kürze auf die Ereignisse des letzten Jahres (ein). Ende 43 sollten wir in eine Spionageanklage verwickelt werden. Wir waren beschuldigt, Pläne an die Alliierten verkauft zu haben etc. Ein uns befreundeter Oberst, ein Italiener, wurde mehrere Wochen gefangen gehalten und gefoltert, um ein diesbezügliches Geständnis zu erhalten. Es gelang, diesmal noch durchzukommen.

Im April 44 trennten wir uns. Irmingard ging an den Gardasee, meine Mutter nach St. Martino. Wir hatten beschlossen, uns auf jedem einzelnen bekannten Gebiete zu verteilen, um die Nachteile einer zu auffälligen großen

Großherzogin Charlotte von Luxemburg

Nach ihrer Befreiung erholt sich Kronprinzessin Antonia, betreut von ihrer Schwester Charlotte und einer fürsorglichen Krankenschwester

und schwerbeweglichen Gruppe zu vermeiden und einzeln bei Bekannten unterzukommen. Seitdem hatten wir keine direkten Nachrichten voneinander. Ich blieb in Florenz mit meinem Vater. Der Alliierte Vormarsch machte die Lage kritisch. Wir mussten mit Abtransport durch die Gestapo rechnen. Ich versah mich mit falschen Papieren und verschwand nach Rom, wo ich mich bis zum Eintreffen der Alliierten versteckte. Ich meldete mich dann bei Ihnen und wurde sehr freundlich behandelt. Es gelang mir, mich den vorgehenden Truppen anzuschließen und nach Florenz zurückzukehren.

Ich fand meinen Vater nach einigem Suchen. Der schon erwähnte Oberst hatte ihn samt Fraunberg versteckt. Der SD suchte vergeblich. Der Oberst fiel leider faschistischen Heckenschützen zum Opfer. Sein Name war Grammacini, Baron Redwitz wird sich seiner erinnern. Ein Befehl des Reichsführers SS bezüglich Abtransport, der auch allen Wehrmachtsangehörigen und Beamten den Verkehr mit uns verbot, wurde in zahlreichen Exemplaren gefunden.

Ich war seither mehrmals in Rom. Mein Vater war im Herbst 44 gefährlich krank, hat sich aber gut erholt. Später war er in Rom. Wir besuchten den Hl. Vater und verschiedene Persönlichkeiten. Morgen wird er zu dem gleichen Zweck hier eintreffen. Mein Vater hat den Alliierten mehrere Schreiben zukommen lassen: den Amerikanern ein größeres Buch, eine Betrachtung der Geschichte Deutschlands mit Folgerungen daraus und allgemeine Betrachtungen über den Staat; ein kurzes Memorandum, das die Fragen von provisorischen Verwaltungen und Regierungen und ihre Besetzung durch erfahrene Leute behandelte; ferner über die Frage des Zentralismus. Er riet zu einer föderalistischen Neuordnung Deutschlands mit möglichster Freiheit und Selbstverwaltung der Länder nach Schweizer Vorbild, einer Volksbefragung über diese Probleme, wobei innerhalb der einzelnen Länder nur Leute, die vor 33 dort ansässig, stimmberechtigt sein dürften. Weitgehendste örtliche Selbstverwaltung. Es folgten Betrachtungen über speziell bayerische Zustände. Ein zweites kurzes Memorandum unterstrich nochmals die Frage des Bundesstaates, der Autonomie der Einzelländer, der Stammesgruppen und Möglichkeiten einer Gliederung der Länder nach Stammeszugehörigkeit.

Zukunftspläne sind noch nicht endgültig festgelegt. Mein Vater denkt an die Schweiz als Übergangsaufenthalt; er steht im Gedankenaustausch mit dem bekannten Nationalökonom Wilhelm Röpke, auf dessen Schriften ich verweise. Wir sind ohne Nachrichten über Zustände in der Heimat. Wir wären sehr froh um Berichte über Familie, Bekannte, Vermögen und innere Zustände. Dass Scharnagl wieder Bürgermeister (wurde), wie auch die Ernennung von Seißer ist sehr zufrieden stellend. Was ist aus Albrecht und

Wiedersehen der Kronprinzessin mit ihren Kindern auf Schloss Fischbach in Luxemburg

Konstantin geworden? Albrecht, heißt es, sei verhaftet? Ich denke, eine Rückkehr wird uns nicht so bald möglich sein, ehe nicht die Verbindung mit der Heimat gesichert ist und wir auf dem Laufenden sein werden. Von hier aus gesehen, scheint der Moment für eine Rückkehr noch nicht günstig.

Finanziell haben wir uns durch Verkauf von Gegenständen und Anleihen über Wasser gehalten. Von Mama und Schwestern weiß ich, dass sie mehrere Monate in Konzentrationslagern waren, jetzt aber in Luxemburg und wohl sind. Ich erwarte in Kürze Briefe. Wir sind in größter Sorge um alle unsere Freunde und hoffen, dass das letzte Jahr nicht zu schwere Verfolgungen gebracht hat. Ich bitte Graf Tattenbach zu sagen, dass ich meine Interessenvertretung einem Rechtsanwalt übergeben wollte, um ihn nicht eventuellen Unannehmlichkeiten auszusetzen, da ich irgendeine violente Lösung unserer gespannten Lage voraussah. Ich hoffe die Mitglieder der Verwaltung und des Ausgleichsfonds sind nicht durch unsere Handlungsweise in Schwierigkeiten gekommen. Sind Harnier und die anderen endlich frei? Gott gebe es.

Das Unglück, das die Nazis über uns gebracht haben, ist unabsehbar. Wir müssen überall von vorne anfangen und von Grund auf uns innerlich erneuern. Die Kirche wird hier eine der größten Aufgaben vor sich haben. Wir haben in diesen Jahren stets an die Heimat gedacht und an alle, die wir zurückgelassen haben und die mehr als wir gelitten haben.

An Landsleuten sind hier wenige. Nur P. Polykarp Schmoll, Generalvikar der Franziskaner, und ein Herr Bernhard Schilling, Sohn des Abgeordneten, den ich kürzlich kennen lernte, sind von Interesse. Schilling hat Ideen.

*Ich bitte um Entschuldigung wegen der Schrift, es ist fast ganz dunkel und
es eilt. Wer diesen Brief erhalten wird, weiß ich noch nicht; ich bitte den
Empfänger, ihn weiterzugeben und, wenn möglich, bald Bericht über
die Zustände zu senden. In Zukunft hoffe ich öfters Gelegenheit zur
Korrespondenz zu finden. Kardinal Faulhaber könnte vielleicht vermitteln.*

*Von Herzen grüße ich auch im Namen meines Vaters alle Hausangehörigen
und Freunde und die ganze Heimat und hoffe auf glückliches und baldiges
Wiedersehen.*

*Heinrich
Prinz von Bayern*

GENESUNG IM SÜDEN

*Kriegsruinen am Marienplatz,
Zeichnung von Prinzessin Maria de
la Paz von Bayern, 1946*

Die Nachwirkungen des Erlebten waren so schlimm, dass sich
die Kronprinzessin und ihre Schwester Elisabeth nie mehr ganz
erholten.

1946 konnte Prinzessin Elisabeth von Thurn und Taxis mit ihrer
Tochter Iniga endlich nach Luxemburg reisen. Lange Listen hatte sie
im Gepäck, Dinge, die sie benötigte, weniger für sich, sondern für
die anderen, die litten und um die sie sich nach wie vor kümmerte.
Erst die Heirat von Prinzessin Iniga mit dem Herzog von Urach
1948 und die Geburt einer Tochter im folgenden Jahr gaben ihr
neuen Lebensmut. Doch schon im Juni 1949 wurde sie schwer
krank. Die frische Luft in Hohenburg tat ihr aber so gut, dass sie
sogar schon im Frühjahr 1950 wieder zu ihrer Schwester nach
Schloss Fischbach in Luxemburg reisen konnte. Für den 1. Juli war
die Rückreise über Hohenburg nach Regensburg geplant. Hier wollte die Prinzessin an der diamantenen Hochzeit ihrer Schwiegerel-
tern, dem Fürstenpaar von Thurn und Taxis teilnehmen. Doch in
Hohenburg angekommen, musste sie absagen. Mit letzter Kraft
betreute sie einen alten, sterbenden Diener, wobei sich am 29. Juli
ihr eigener Gesundheitszustand nun auch zusehends verschlechterte. Eilig kamen Großherzogin Charlotte und Prinzessin Hilda an ihr
Krankenlager. Gemeinsam und in völliger Abgeschiedenheit verbrachten die drei Schwestern die letzten Tage von Prinzessin Elisabeth, die hinsichtlich der bevorstehenden Hochzeit von Prinzessin
Alix aus Luxemburg nur eine Sorge hatte: »Dass ich der Lotti das
antun muss, gerade jetzt!«

Wir bitten Dich, o Herr, erbarme Dich in väterlicher Huld der Seele Deiner Dienerin Elisabeth und lasse Sie, befreit von den Makeln des sterblichen Lebens, teilnehmen am Erbe ewiger Erlösung. Durch Christus, unserem Herrn. Amen.

Süßes Herz Mariä, sei meine Rettung!

R. I. P.

Zum Andenken im Gebet an

I. K. H.

Prinzessin Elisabeth

von Thurn und Taxis

Prinzessin von Luxemburg und Nassau

geb. am 7. März 1901 in Colmar - Berg
gest. am 2. August 1950 in Hohenburg

J. RIBEL, LENGGRIES

Geschwächt von den Strapazen des Krieges verstarb Kronprinzessin Antonias Schwester Elisabeth am 2. August 1950 auf Schloss Hohenburg

Umgeben von ihrer Tochter und ihren Schwestern, in Anwesenheit der treuen Hofdamen, ihres Arztes und eines Pfarrers starb Prinzessin Elisabeth in den frühen Morgenstunden des 2. August 1950 auf Schloss Hohenburg.

Sie wurde in der Gruft von Schloss Emmeram in Regensburg beigesetzt.

Nach Deutschland und Schloss Leutstetten kehrte Kronprinzessin Antonia nicht mehr zurück. Die Nachwirkungen all des Schrecklichen, das sie in der nationalsozialistischen Sonderhaft durchzumachen hatte, waren – es konnte kaum anders sein – zunächst derart schlimm, dass auch ihr Gemütszustand ernsthafte Besorgnisse wachrief. Nach ihrem Aufenthalt in Luxemburg verbrachte sie fürs Erste einige Jahre in der Schweiz, wo sie in ärztlicher Behandlung stand. Ihr doch sehr labiles körperliches Befinden machte einen dauernden Aufenthalt im Süden erforderlich und gestattete ihr nicht einmal, zu Familienfesten nach Hause zu kommen, wobei sie selbst sich gegen den Gedanken sträubte, nach Deutschland zurückzukehren, zu groß war ihre Angst, auf Menschen zu treffen, die sie einst ohne geringste Schuld fast zu Tode gequält hatten. Bedenkt man, wie gnädig die Nachkriegs-Richter mit einigen Münchner

Nazi-Größen umgegangen waren und wie schnell andere wieder aus ihrer Haft entlassen wurden, so war ihre Angst nicht unbegründet und auch ihre Ärzte rieten ihr dringend davon ab, das Experiment eines womöglich erneuten Schocks zu wagen. So verbrachte sie den Hauptteil des Jahres in der Nähe des Comer Sees, auf einem Besitz ihrer Schwester, der Großherzogin von Luxemburg, betreut von der seit vielen Jahren an ihrer Seite stehenden Gräfin Bellegarde. Jeweils einige Zeit weilt sie an der See, meist in Forte dei Marmi, oder zu klinischer Behandlung in Rom.

Ein letztes Mal reiste Kronprinzessin Antonia 1952 in ihre alte Heimat nach Luxemburg, um im November, im Kreise der Familie den 90. Geburtstag ihrer Patentante, der Herzogin von Parma zu feiern. Ansonsten verbrachte sie den größten Teil des Jahres am Comer See. Ebenso wie die Kinder pflegte auch der Kronprinz sie jährlich mehrmals zu besuchen.

Bei einem dieser Besuche dann sprach sie offen über ihre leider unheilbare Krebserkrankung, die in dieser Zeit entdeckt worden war und über ihre letztwilligen Verfügungen. Dass die Ärzte und das heilsame südliche Klima ihren körperlichen Verfall nur verlangsamen, nicht aber aufhalten konnten, war ihr völlig klar. Sie ordnete ihren Nachlass und verfügte, dass sie in Rom, in der kleinen aus dem Mittelalter stammenden Kirche Santa Maria in Domnica beigesetzt werden möchte. Ihr einbalsamiertes Herz aber sollte in die Gnadenkapelle von Altötting, ganz nahe bei den Ihrigen in der Heimat, zur letzten Ruhe gebracht werden. Mit diesem, letzten Willen bekundete sie sehr wohl, dass sie bereit war zu verzeihen, was Deutschland ihr angetan hatte und nicht Hass, sondern Angst es war, die sie von Bayern fern hielt.

Vor seinem 85. Geburtstag weilte Kronprinz Rupprecht im April 1954 wieder drei Wochen in Rom. Bei seinen Besuchen der Kronprinzessin rechnete er es ihr hoch an, dass sie niemals klagte und ihren leidenden Zustand mit wahrhaft großartiger Geduld ertrug. Sie vermied es über die trüben Erlebnisse zu sprechen, die sie zum Hauptopfer des Hitlerschen Hasses gegen die Wittelsbacher gemacht hatten und vor allem, dass die Gegensätze in ihrer beiden persönlichen Einschätzung und die daraus resultierenden Folgen sie leider so weit voneinander entfernt hatten. Inwieweit sie dem Kronprinzen, der immer an erster Stelle Bayern sah, eine gewisse Mitschuld am Erlebten gab, ist nicht bekannt. Eine Flucht in die USA wäre sicher in ihrem Sinne und im Sinne der Familie gewesen, dann jedoch hätte der Kronprinz die wohl allerletzte Möglichkeit verspielt, jemals wieder Einfluss auf die Geschicke Bayerns, die ihm ja eben so sehr am Herzen lagen, zu nehmen. Dies war ihm vollkommen bewusst und souverän nahm er die Distanz hin, die sie ihm entgegenbrachte, indem er im Frühjahr 1954 meinte: »Sie ist eben eine Persönlichkeit voller Willenskraft und von bewundernswerter Haltung.«

GLÜCK UND LEID DER KINDER

Wieder waren es die Kinder, die mit ihren Hochzeiten und den ersten Enkelkindern einen Lichtblick in ihr schweres Dasein brachten: Im November 1946 heiratete Prinzessin Editha den italienischen Ingenieur Tito Tomaso Brunetti, den sie bereits 1943 im italienischen Exil kennen gelernt hatte. Als sie 1944 verhaftet und verschleppt wurden, hatte er vergeblich versucht sie aus den Fängen der Nazis von der Seiser-Alm in den Dolomiten zu befreien, ein Vorhaben, das leider durch einen frühzeitigen Weitertransport der Gefangenen vereitelt wurde. Im Frühjahr 1946 erhielt Prinzessin Editha über das Rote Kreuz einen Brief von ihm und bereits wenige Wochen später trafen sie sich bei ihrer Mutter, Kronprinzessin Antonia in Villars in der Schweiz. Die Hochzeit fand im November in Mailand statt, das nun ihr neues Zuhause wurde. Doch das feuchte Klima bekam der Prinzessin nicht und so kaufte Brunetti ein

Kronprinzessin Antonias Tochter Editha 1951 mit ihrem Ehemann Tito Brunetti und den Kindern Serena, Carlotta und Antonia

Landhaus in Viareggio. Ein Jahr später kam die Tochter Serena zur Welt. Kronprinzessin Antonia war über die Geburt ihres ersten Enkelkindes so glücklich, dass sie die beschwerliche Reise nach Viarreggio auf sich nahm und bei der Taufe Pate stand. Auch als anderthalb Jahre später die zweite Tochter Carlotta geboren wurde, war Antonia wieder zur Stelle. Die dritte Tochter wurde 1952 auf ihren Namen Antonia getauft.

Drei Jahre nach Editha heiratete am 12. Februar 1949 Prinzessin Hilda den Großgrundbesitzer und Konsul Juan Bradstock Edgart Lockett de Loayza aus Peru. Die Hochzeitsfeier fand in der Kathedrale von Lima statt. Da nicht alle Tage ein Sohn aus Peru eine Tochter aus dem bayerischen Königshause zum Altare führt und den Einwohnern Limas Fürstenhochzeiten allenfalls aus Zeitschriften bekannt waren, fand die Feier unter großem Anteil der Bevölkerung statt. In Vertretung ihrer Eltern und der Familie war Prinzessin Irmingard angereist. Auf die Trauung folgte eine mehrmonatige Hochzeitsreise über Nordamerika, England und Paris nach Bayern, wo sich der neue Schwiegersohn dem Kronprinzen vorstellte, der ihn herzlich im Kreise der Familie aufnahm. Nach einem Besuch der Kronprinzessin in der Schweiz ging die Reise zurück nach Peru, wo sich das Paar in Lima niederließ. Am Ostersonntag, Anfang April 1950 wurde der älteste Sohn, Christopher geboren, dem im Mai 1953 sein Bruder Miguel folgte. Doch Prinzessin Hilda hatte Heimweh und so siedelte das Paar bereits acht Wochen nach Mi-

Prinzessin Hilda 1953 mit ihrem Mann Juan Lockett de Loayza mit ihren beiden ältesten Söhnen Christopher und Miguel

guels Geburt mit den Kindern nach Leutstetten über. Später nahmen sie ihren Wohnsitz in Tutzing, dann in Rosswies bei Bad Tölz, wo sich zu den beiden Söhnen 1958 noch ein Bruder, Alexander, und 1960 die Tochter Marie-Isabel dazugesellten.

In Leutstetten bildete sich in diesen Jahren zwischen Prinzessin Irmingard und ihrem Vetter Ludwig, einem Sohn des Prinzen Franz von Bayern, eine nette Kameradschaft. Besonders ihr gemeinsames Interesse an Pferden ließ sie viel Zeit miteinander verbringen. Prinz Ludwig hatte aus Ungarn durch einen Treck mehr als hundert Pferde mitgebracht, dessen Aufzucht und Zureiten die beiden sehr beschäftigte.

Wie Prinzessin Irmingard war auch Prinz Ludwig ein begeisterter Bergsteiger. Als er eines Tages von ihren Touren in den Dolomiten erfuhr, wurden die Wochenenden im Karwendel und dem Wetterstein zur Gewohnheit. Beide verstanden sich so gut, dass sie beschlossen zu heiraten, um, wie die Prinzessin lächelnd meinte, »nicht immer wieder getrennt zu werden«. Am 20. Juli 1950 fand die feierliche Hochzeit in Schloss Nymphenburg statt und am 14. April 1951 wurde in Leutstetten Sohn Luitpold geboren.

Prinzessin Irmingard, links bei ihrer Hochzeit am 20. Juli 1950, hinter ihr Bruder Heinrich, Schwager Rasso und ihr Ehemann Prinz Ludwig von Bayern

*Prinz Heinrich von Bayern mit sei-
ner Braut Baronesse Marie-Anne de
Lustrac*

Nach dem Krieg verbrachte Prinz Heinrich einige Zeit im Ausland:
»Kenntnisse und Erkenntnisse sammeln« war sein Motto. Vor allem
Griechenland, in dem damals Bürgerkrieg herrschte, interessierte
ihn. Unter einem Decknamen bereiste er die Halbinsel auf eigene
Faust, um die wirklichen Verhältnisse und Probleme auf beiden Seiten kennen zu lernen. Dabei geriet er kurze Zeit in Gefangenschaft
und wurde mit kommunistischen Studenten eingesperrt, eine Gelegenheit für ihn, sich mit »diesen durchaus sympathischen Menschen« über ihre Auffassungen eingehend zu unterhalten.

Die Rolle als »Herr Unbekannt« zu reisen gefiel ihm und so begab
er sich 1949 nach Amerika, um auch hier sein Glück zu versuchen.
Dank seiner guten Sprachkenntnisse fand »Mr. Henry Bavière«,
wie er sich nannte, schnell eine Anstellung als Wirtschaftsprüfer bei
einer Bank. Hier lernte er die französische Baronesse Marie-Anne
de Lustrac kennen, die er am 31. Juli 1951 auf ihrem Familiensitz in
den Pyrenäen heiratete. Nach einigen Jahren internationaler volks-
wirtschaftlicher Aufgaben ließ sich der Prinz in Bayern nieder und
kaufte, zusammen mit seiner Schwester Irmingard, die Brauerei Kal-
tenberg, um hier den Schwerpunkt seiner Arbeit zu finden. Prinz
Heinrich verunglückte 1958 in Barilome, Argentinien tödlich und
wurde in der Klosterkirche Andechs beigesetzt.

Bereits bei der Hochzeit ihrer Schwester Irmingard war Prinzessin
Gabriele der hoch gewachsene, gut aussehende westfälische Erbprinz von Croy aufgefallen, den sie dann, hocherfreut, drei Jahre

später, im Winter 1953 bei einer Skiwanderung in Kitzbühel wiedertraf. Da auch dem Erbprinzen die schöne Bayernprinzessin in bester Erinnerung war, fragte er sie bei einer der nächsten Wanderungen, ob sie mit ihm nicht eine »endlose Wanderung« wagen wolle? Ohne zu zögern willigte sie ein und wenige Tage später wurde Verlobung gefeiert, der am 18. Juni 1953 im Nymphenburger Schloss in München die Hochzeit folgte. Vier Monate vor dem Tod der Kronprinzessin kam die kleine Tochter Marie-Thérèse zur Welt. Die Geburt der zwei Söhne, Rudolf (1955) und Stephan (1959) erlebte Kronprinzessin Antonia nicht mehr.

Prinzessin Gabriele mit ihrem Mann, dem westfälischen Erbprinzen Carl von Croy, am 18. Juni 1953, dem Tag ihrer Hochzeit in München

Kronprinz Rupprecht an seinem 85. Geburtstag

TOD DER KRONPRINZESSIN

Zwischen den klinischen Behandlungen in Rom weilte die Kronprinzessin immer wieder am Meer, abwechselnd besucht von den Kindern und dem Kronprinzen. Auch im April 1954, kurz vor seinem 85. Geburtstag verbrachte Rupprecht gleich drei Wochen mit ihr in Rom. In jenen Tagen hatte sie sich so gut erholt, dass es ihr sogar möglich war, zusammen mit ihrer Schwester, Großherzogin Charlotte von Luxemburg an der Heiligsprechung von Papst Pius X. teilzunehmen, der ihr einst die Firmung gespendet hatte und den sie zeitlebens sehr verehrte.

Im Sommer 1954 war die Hochzeit ihrer jüngsten Tochter Sophie geplant, die ihren Mann, den Herzog Johann Engelbert von Arenberg, wie bereits ihre Schwester beim Skifahren kennen gelernt hatte. Die Vorbereitungen liefen auf Hochtouren, als bei einem tragischen Autounfall am 13. Juli ihre Schwester Editha verletzt und ihr Schwager, Ingenieur Brunetti, getötet wurde.

Die Kronprinzessin, die eben erst in die Schweiz zurückgekehrt war, erlitt durch die Nachricht einen schweren Schock, der ihren Gesundheitszustand zusehends verschlechterte, so sehr, dass von nun an mit dem Schlimmsten zu rechnen war. Die Hochzeit wurde verschoben, was die Kronprinzessin so sehr schmerzte, dass sie noch auf dem Sterbebett ihre Tochter Sophie bat, die Hochzeit nicht etwa wegen dem Trauerjahr allzu lange zu verschieben.

Die vier bereits verheirateten Töchter der Kronprinzessin, die Prinzessinnen Hilda, Irmingard, Gabriele und Editha mit ihren Ehemännern 1954 in Leutstetten

Kronprinz Rupprecht im Kreise seiner Kinder aus der Ehe mit Kronprinzessin Antonia

Kronprinzessin Antonias Kinder, 1954 in Leutstetten: Prinz Heinrich und die Prinzessinnen Irmingard, Editha, Hilda, Gabriele und Sophie

Ihre letzten Stunden verbrachte Kronprinzessin Antonia, umgeben von ihrem Mann und ihren sechs Kindern, dem Stiefsohn Albrecht, ihren beiden Schwestern, Großherzogin Charlotte von Luxemburg und Prinzessin Hilda von Schwarzenberg, sowie Prinzessin Elisabeth von Luxemburg.

Am 31. Juli 1954 verstarb in der stillen Gebirgswelt des Schweizer Kurortes Lenzerheide Antonia, Bayerns letzte Kronprinzessin, Pfalzgräfin bei Rhein, Herzogin von Bayern, Franken und in Schwaben, Prinzessin von Luxemburg und Nassau, Großmeisterin des

Herr, dein Wille geschehe!

Unter deinen Schutz und Schirm fliehen
wir, o heilige Gottesgebärerin, ver-
schmähe nicht unser Gebet in unseren
Nöten, sondern erlöse uns jederzeit
von allen Gefahren, du glorwürdige
und gebenedeite Jungfrau, unsere Frau,
unsere Mittlerin, unsere Fürsprecherin!
Versöhn' uns mit deinem Sohne, emp-
fiehl' uns deinem Sohne, stell' uns
vor deinem Sohne.

Kronprinzessin
Antonia v. Bayern
geb. Prinzessin v. Luxemburg u. Nassau

geb. 7. 10. 1899
gest. 31. 7. 1954

*Am 31. Juli 1954 erlöste der Tod
Kronprinzessin Antonia von Bayern
von den qualvollen Leiden ihrer letzten Lebensjahre*

bayerischen Theresien- und St-Elisabethen-Ordens im Alter von
nicht einmal 55 Jahren.

Gemäß ihrem eigenen Wunsch wurden ihre sterblichen Überreste
nach Rom überführt. In einer feierlichen Totenmesse im Beisein
ihrer Kinder, Prinz Heinrich und die Prinzessinnen Hilda, Gabriele
und Sophie wurde sie in der Kirche Santa Maria a la Navicella in
Rom beigesetzt. Kardinal Micara und Monsignore Bruno Wüsten-
berg vom päpstlichen Staatssekretariat waren zugegen, wie auch der
deutsche Botschafter beim Quirinal, Clemens von Brentano und
die Botschafter Belgiens beim Quirinal und beim Heiligen Stuhl.
Unter den Blumen befanden sich Kränze des Bayerischen Ministerpräsidenten, des bayerischen Landtagspräsidenten und des bayerischen Senatspräsidenten.

Eine marmorne Grabplatte im Kircheninnern erinnert an die Leid-
geprüfte »Luxemburgisch-nassauische Prinzen-Tochter, der Gattin
Rupprechts, des Erstgeborenen des Bayerischen Königs, der treuen
Gattin, Mutter von sechs Kindern«.

In seinem Nachruf im »Luxemburger Wort« schrieb Jean Schoos am
23. September 1954:

Kronprinzessin Antonias Grabstein in der Kirche Santa Maria in Navicella in Rom

An der Härte unseres Jahrhunderts ist Kronprinzessin Antonia zerbrochen. Zwei Weltkriege haben ihr Leben unverdientermaßen aufs tragischste bestimmt. So ist diese luxemburgische Fürstentochter, wie kaum ein anderer, zum Symbol des europäischen Menschenschicksals unserer Zeit geworden.

Das einbalsamierte Herz der Kronprinzessin wurde von ihrem Sohn Heinrich und ihrer Tochter Hilda, in Begleitung ihres Mannes Juan Bradstock Edgart Lockett de Loayza nach Bayern überführt, wo es in Anwesenheit von Kronprinz Rupprecht, mehrerer Mitglieder des Hauses Wittelsbach, Vertreter von Regierung, Stadtverwaltung, Kunst und Wissenschaft und ungezählter Trauergäste am 13. November 1954 in der Altöttinger Gnadenkapelle, gemäß ihrem letzten Willen, feierlich beigesetzt wurde. Bischof Konrad von Passau hielt das Requiem in der Basilika, ehe die kostbare Silberurne mit dem Herzen der Kronprinzessin in die Gnadenkapelle überführt wurde. Hier fand sie in einer Nische über den Herzen des Kurfürsten Max III. Joseph und des Kurfürsten Karl Theodor ihren Platz in der berühmten Gedächtnisstätte der Wittelsbacher. Die Urne wurde von dem Münchner Professor Rickert aus vergoldetem Silber und Bergkristall gearbeitet.

Die Hochzeit ihrer jüngsten Tochter Sophie, die Kronprinzessin Antonia leider nicht mehr erleben durfte, fand am 20. Januar 1955 im Schloss zu Berchtesgaden statt. Fünf Kinder hat das Paar, Leopold Engelbert (1956), Charles Louis (1957), Marie-Gabriele (1958), Henri Antoine (1961) und Etienne Albert (1967).

Das Brautbild von Kronprinzessin Antonias jüngster Tochter Sophie mit dem Herzog von Arenberg

TOD DES KRONPRINZEN

Knapp sechs Monate nach der Hochzeit seiner jüngsten Tochter Sophie verstarb am 2. August 1955 auf Schloss Leutstetten auch Kronprinz Rupprecht an den Folgen eines Herzanfalls. Seine letzte Ruhestätte fand er in der Fürstengruft der Theatinerkirche in München, neben seiner 1912 verstorbenen ersten Gattin, Kronprinzessin Marie-Gabriele, unweit der Särge seiner drei früh verstorbenen Kinder, Prinzessin Irmingard (1903), Prinz Rudolf (1912) und des Erbprinzen Luitpold (1914).

Das Herz des Kronprinzen, der nie regierender König war, wurde nach eigener Verfügung nicht, wie bisher für Regenten des Hauses Bayern üblich, in Altötting beigesetzt. Lediglich eine leere Urne wurde zu seinem Gedächtnis aufgestellt, an der Seite des Herzens der Kronprinzessin Antonia, das auf ihren persönlichen Wunsch hier seine letzte Ruhestätte gefunden hatte.

Das Sterbebildchen des Kronprinzen

Die Kinder der Kronprinzessin, Gabriele Herzogin von Croy, Hilda Lockett de Loayza, Sophie Herzogin von Arenberg, Editha Brunetti, Irmingard Prinzessin von Bayern und Heinrich Prinz von Bayern

Vereinfachte Stammtafel zur Familie des Kronprinzen Rupprecht und der Kronprinzessin Antonia von Bayern

Großherzog Adolph von Luxemburg (1817–1905)
∞ Prinzessin Elisabeth Michailowna (1826–1845)
∞ Prinzessin Adelheid-Marie von Anhalt (1833–1916)

Großherzog Wilhelm von Luxemburg (1852–1912)
∞ Prinzessin Maria-Anna von Braganza (1861–1942)

Großherzogin Marie-Adelheid (1894–1924)
KN

Großherzogin Charlotte (1896–1985)
∞ Prinz Felix von Bourbon-Parma (1893–1970) N

Prinzessin Hilda (1897–1979)
∞ Fürst Schwarzenberg (1890–1950) KN

Prinzessin Elisabeth (1901–1950)
∞ Prinz Louis-Philippe von Thurn und Taxis
(1901–1933) N

Prinzessin Sophie (1902–1941)
∞ Prinz Ernst Heinrich von Sachsen (1896–1971) N

N = Nachkommen
KN = Keine Nachkommen

Prinzregent Luitpold von Bayern (1821–1912)
∞ Erzherzogin Auguste von Österreich
Prinzessin von Toskana (1825–1864)

König Ludwig III. von Bayern (1845–1921)
∞ Erzherzogin Marie Therese von Österreich-Este
(1849–1919)

Kronprinz Rupprecht war in
erster Ehe mit Marie Gabriele,
Herzogin in Bayern, verheiratet.
Die männlichen Nachkommen:
Herzog Albrecht von Bayern
und Herzog Franz von Bayern

Prinzessin Antonia ∞ Kronprinz Rupprecht
(1899–1954)   (1869–1955)

weitere 12 Kinder

Prinz Heinrich (1922–1958)
∞ Anne de Lustrac (1927–1999) KN

Prinzessin Irmingard (*1923)
∞ Prinz Ludwig von Bayern (*1913) N

Prinzessin Editha (*1924)
∞ Tito Brunetti (1905–1954) N
∞ Gustav Schimert (1910–1990) N

Prinzessin Hilda (1926–2002)
∞ Juan Lockett de Loayza (1912–1987) N

Prinzessin Gabriele (*1927)
∞ Herzog Carl von Croy (*1914) N

Prinzessin Sophie (*1935)
∞ Jean Engelbert Herzog von Arenberg (*1921) N

Quellen und Literatur

Persönliche Gespräche mit II. KK. HH. Prinz Ludwig von Bayern, Prinzessin Irmingard von Bayern und Prinzessin Hilda von Bayern
Bayerisches Fernsehen: Flucht und Exil
Zeitgenössische Beiträge in:
Allgemeine Rundschau 1913, Augsburger Postzeitung 1913, Bayerische Staatszeitung 1913, Bayerischer Königsbote 1921, Bayerischer Kurier 1921, Heim und Welt 1955, Illustrierte Zeitung, Leipzig 1912, Münchener Merkur 1954 ff, Münchener Neueste Nachrichten 1919 ff., Passauer Neue Presse 1949, Sonntagspost 1954, Süddeutsche Zeitung 1954 ff., Unser Bayern 1983 ff.,

Erwein Freiherr von Aretin: Kronprinz Rupprecht, München 1949
Erwein Freiherr von Aretin: Wittelsbacher im KZ, München o.J.
Joe Heydecker: Kronprinz Rupprecht, München 1953
Hubert Glaser: Ludwig III. König von Bayern, München 1995
Irmingard Prinzessin von Bayern: Jugend-Erinnerungen, St. Ottilien 2000
Marie Knaff: Ein Weihnachtsmärchen, Luxemburg 1961
Otto Kolshorn: Kronprinz Rupprecht von Bayern, München 1918
Stephan Malinowski: Vom König zum Führer, Berlin 2003
ET Melchers: Unvergessene Gestalten unserer Dynastie, Luxemburg 1994
François Mersch: Luxemburg Seine Dynastie, Luxemburg 1982
Paul Ernst Rattelmüller: Rupprecht Kronprinz von Bayern, München 1988
Martha Schad: Bayerns Königinnen, Regensburg 1992
Martha Schad: Bayerns Königshaus, Regensburg 1994
Jean Louis Schlim: Schloss Hohenburg, München 1998
Jean Louis Schlim: Ludwig II. Sein Leben in Bildern und Memorabilien, München 2005
Jean Schoos: Thron und Dynastie, Luxemburg 1978
Richard Sexau: Kronprinz Rupprecht, 85 Jahre »In Treue fest«, 1954
Kurt Sendtner: Rupprecht von Wittelsbach, München 1954
Süddeutsche Monatshefte 1931/32/33
WAF: Kronprinz Rupprecht von Bayern, München 1984
WAF: 125. Geburtstag Kronprinz Rupprecht, München 1994

BILDNACHWEIS

Sammlung S. K. H. des Großherzogs von Luxemburg: 18
Wittelsbacher Ausgleichfonds München: 9 u., 136
Sammlung I. K. H. Prinzessin Irmingard von Bayern: 87 u., 133,
135, 137
Sammlung Christopher Lockett, München: 2, 5 u., 14, 17, 36 o., 37,
49, 63, 71 o., 74, 78 o., 79 o., 80 o., 85 o., 89 o., 92 o., 93, 94, 95,
97, 98, 99, 100 o., 101, 102 o., 104, 110 o., 112, 113, 114, 115, 116, 119,
122, 123, 125, 126, 127, 138, 139, 140 u., 141, 145, 146, 147, 148, 149,
150 u., 151, 154, 155 u.
Sammlung Jean Louis, München: 4, 5 o., 7, 8, 9 o., 10, 11, 12, 13, 15,
16, 19, 20, 21, 22, 23, 24, 25, 26, 27, 28, 29, 30, 31, 32, 33, 34, 35, 36
u., 38, 39, 40, 41, 42, 43, 44, 45, 46, 47, 48, 50, 51, 52, 53, 54, 55, 56,
57, 58, 60, 61, 62, 64, 65, 66, 67, 68, 69, 70, 71 u., 72, 73, 75, 76, 77,
78 u., 79 u., 80 u., 81, 82, 83, 84, 85 u., 86, 87 o., 88, 89 u., 90, 91,
92 u., 102 u., 103, 105, 106, 107, 108, 109, 110 u., 111, 117, 118, 120,
121, 124, 129, 130, 131, 132, 140 o., 142, 143, 150 o., 152, 153, 155 o.
Sammlung Wolfgang Franz: 59, 100 u.
Sammlung Sebastian Winkler: 96

Bilder offizieller Hof-Fotografen:
Albert Joseph, München: 37, 38, 39 o., 42 o.
Anen Aloyse, Luxemburg: 82 u., 105, 106, 116 u.
Bernhoeft Charles, Luxemburg: 17 u., 24 o.
Dittmar Franz, München: 41 u.
Elvira, München: 21 o., 40 o. links
Gebrüder Frey, Bad Tölz: 86 u., 88 u., 90 u., 91, 92, 99, 102 u.
Graggo Max, Regensburg: 125 o.
Grainer, München: 2, 5 o., 9 o., 40 o. rechts, 45 o., 66, 77 u., 86 o.,
107, 109, 171
Grieser Charles, Luxemburg: 4, 34, 36 u.
Hanfstaengl Franz, München: 41 o.
Köhler Metha, München: 146, 147, 150, 151, 155 u.
Kutter Eduard, Luxemburg: 56 u. rechts, 64, 65 o., 82 o., 140
Schmid Josef, Berchtesgaden: 86 u., 87

*Für die Überlassung der Bilder und die Gespräche bedankt sich der Autor
ganz herzlich.*

Besuchen Sie uns im Internet unter
langen-mueller-verlag.de

© 2006 by LangenMüller
in der F. A. Herbig Verlagsbuchhandlung GmbH, München
Alle Rechte vorbehalten
Schutzumschlag: Wolfgang Heinzel
Motive: Hofphot. Ch. Grieser, Luxemburg,
Hofphot. Grainer, München
Satz: VerlagsService Dr. Helmut Neuberger
& Karl Schaumann GmbH, Heimstetten
Gesetzt aus der 11,5/13,8 Punkt GaramondBQ
Druck und Binden: Offizin Andersen Nexö, Leipzig
Printed in Germany
ISBN 3-7844-3048-1